EL MEJOR LIBRO DE COCINA DE COMIDA CALLEJERA DE TODO EL MUNDO

100 SABROSAS RECETAS

ELVIO MORA

Reservados todos los derechos.

Descargo de responsabilidad

La información contenida en este libro electrónico está destinada a servir como una colección completa de estrategias sobre las que el autor de este libro electrónico ha investigado. Los resúmenes, estrategias, consejos y trucos son solo recomendaciones del autor, y leer este libro electrónico no garantiza que los resultados de uno reflejen exactamente los resultados del autor. El autor del eBook ha realizado todos los esfuerzos razonables para proporcionar información actualizada y precisa a los lectores del eBook. El autor y sus asociados no serán responsables de ningún error u omisión no intencional que pueda encontrarse. El material del eBook puede incluir información de terceros. Los materiales de terceros se componen de opiniones expresadas por sus propietarios. Como tal, el autor del libro electrónico no asume responsabilidad alguna por ningún material u opiniones de terceros.

El libro electrónico tiene derechos de autor © 2022 con todos los derechos reservados. Es ilegal redistribuir, copiar o crear trabajos derivados de este libro electrónico en su totalidad o en parte. Ninguna parte de este informe puede ser reproducida o retransmitida de ninguna forma sin el permiso escrito, expreso y firmado del autor.

TABLA DE CONTENIDO

TABLA DE CONTENIDO...4

INTRODUCCIÓN..8

    ¿Qué es la comida callejera?.......................................8
    Las mejores ciudades del mundo para la comida callejera 9

DESAYUNO Y BRUNCH..10

    1. Panqueques Salados (Corea)...............................11
    2. Crepes (Francia)..14
    3. Congee (Hong Kong)..17
    4. Focaccia (Italia)...20
    5. Tortilla de ostras de Fujian...................................23
    6. Trigo & Gachas De Carne (Irán)..........................26
    7. Okonomiyaki (Japón)..30
    8. Gachas De Mijo (Burkina Faso)...........................33

BOCADILLOS Y BOCADILLOS...35

    9. Carne-Lleno pastelerías (Mongolia)....................36
    10. donas de manzana (Dinamarca).......................40
    11. Barbudos (Costa Rica).......................................44
    12. Pone de yuca (Guyana)......................................47
    13. Causas (Perú)...50
    14. chapli Kebab (Afganistán)..................................53
    15. Perros de maíz (Estados Unidos)......................56
    16. Felafel (Israel)...59
    17. Cong usted Bing (China)....................................62
    18. Gughni (India)..65
    19. Albóndigas (Pavo)..68
    20. brochetas de pollo (Irán)....................................71
    21. Pan de patata (Noruega)....................................75

22. Masala Vadai (Sri Lanka)..................................78
23. Mofongo (Puerto Rico)....................................82
24. Momo (Nepal)..85
25. Brochetas de cordero (Asia central)....................88
26. Nalistniki (Bielorrusia)................................91
27. Oliebollen (rosquillas), Países Bajos).................94
28. Pakorás (India)..97
29. Pav Bhaji (India).......................................100
30. Pholourie (Trinidad)...................................104
31. Pollo Piri-Piri (Mozambique)...........................107
32. Pirozhki (Rusia)..110
33. Pofesen (Austria).......................................116
34. Pupusa (El Salvador)...................................119
35. Salsa Criolla (Argentina)..............................122
36. Seadas o Sebadas (Italia)..............................124
37. Shashlyk (brocheta de carne a la parrilla)............128
38. Sopaipillas (Buñuelos De Calabaza, Chile).............131
39. Souvlaki (Grecia).......................................134
40. tacos (México)..137
41. Tamales (México)..140
42. Kebab de carne molida(Marruecos)......................144
43. Tempeh Satay (Tailandia)...............................147
44. Thes Heo (Vietnam).....................................150
45. Tostadas de Chicharo (México).........................153
46. Fricassée tunecino (Túnez).............................156
47. Turón (Filipinas).......................................160
49. Caramelo Irlandés Yellow Man (Irlanda)...............166
50. Boulanee (Afganistán)..................................169

PLATO PRINCIPAL..173

51. Crujiente Lomo De Cerdo (Dinamarca)..................174
52. Pollo Kiev (Ucrania)...................................176
53. Ternera Plov (Bukhara, Uzbekistán)....................180
54. Frijoles Negros (Guatemala)...........................184

55. Cangrejo a la pimienta negra (Singapur)...............186
56. Channa hervida (Guyana).........................189
57. empanadas de carne frita (Alemania)....................192
58. Sopa de fideos con bolas de pescado (Hong Kong)..195
59. Sopa de Maíz (Trinidad).........................199
60. Dakkochi (Corea)....................................202
61. Pescado & Patatas fritas (Gran Bretaña).............205
62. Tiras de pollo frito (africano)..................209
63. Mayonesa Frieten Met (Bélgica)..........................212
64. Ful Meddames (Mash Egipto)....................215
65. Irio (Kenia).......................................219
66. Pollo Kabiraji (India)..........................222
67. Nihari (estofado de ternera, Pakistán)..................225
68. Nohutlu Pilav (Arroz Pilaf, Pavo)........................229
69. Curry de patata (India)..........................232
70. Arroz y Frijoles (Belice)........................234
71. Ris Graz (arroz frito, Burkina Faso)...............237
72. Berberechos Asados (Camboya)................240

SÁNDWICHES Y ENVOLTURAS...................243

73. Sándwich de lomo de cerdo (Dinamarca).............244
74. Sándwich De Pescado Picante (Líbano)..................248
75. Zapiekanka (Polonia)..........................254
76. Sándwich relleno de pollo (Irlanda).....................257
77. Burritos (Estados Unidos).....................259
78. Shawarma Ghanam (Líbano)....................262

ENSALADAS Y SOPAS...................266

79. Ensalada De Papaya Verde (Tailandia)....................267
80. Ensalada De Papaya (Laos)....................270
83. sopa de fideos, Myanmar)....................273
81. Sopa de fideos con carne (Vietnam)....................276
82. Sopa de fideos con carne (Taiwán)......................281

POSTRES...................285

83. Aloo Pie (Trinidad)...286
84. Pastel flotante (Australia)..................................289
85. fiadú (Surinam)...293
86. fiskekaker (Pasteles de pescado, Noruega).............298
87. Kaiserschmarrn (Bolas de masa hervida, Austria)..301
88. Karantita Algérienne (Argelia)..........................304
89. Kremówka Papieska (Polonia)..............................308
90. pan de molde (Israel)...312
91. Arroz con leche (Líbano).....................................315
92. Arroz con leche (Egipto).....................................318
93. Vetkoek (Tortas de aceite, Sudáfrica)...................321
94. wonton de cerdo picado (China)...........................324
95. Arepas (Pastel de harina de maíz, Venezuela)..........328

BEBIDAS..331

96. Bebida de Maíz (Haití)..332
97. Ayran (bebida de yogur, Turquía)..........................335
98. Bebida de jengibre (África Occidental).................337
99. Lassi (yogur dulce, India).....................................339
100. Vino Caliente de Alsacia (Francia).......................341

CONCLUSIÓN..344

INTRODUCCIÓN

¿Qué es la comida callejera?

Una definición común del término "comida callejera" es una comida preparada por un vendedor y vendida en un puesto al aire libre, carrito, camión o tal vez en un puesto de mercado. La comida que se sirve suele estar en las categorías de comida rápida y bocadillos; es decir, preparados rápidamente con ingredientes prefabricados y servidos en el momento oportuno. La comida callejera también suele comerse sin control, destinada a consumirse en el acto o mientras se camina.

La comida callejera tiene definiciones y significados más amplios que los simples bocadillos que comen las personas en movimiento. La comida callejera es comercial porque la elaboran empresarios individuales y la venden a los clientes. Es comida que pertenece a ciudades y pueblos, en cualquier lugar donde la gente se reúna por negocios o incluso por recreación. Por lo tanto, los lugares donde se sirven estos alimentos pueden incluir no solo calles, sino también mercados al aire libre y cerrados donde las personas venden productos. Los pequeños puestos en los mercados de alimentos de México, llamados fondas, son ejemplos. Otros lugares incluyen áreas de diversión como carnavales, ferias y paseos marítimos, y eventos deportivos, estaciones de autobuses y trenes, y escuelas.

Las mejores ciudades del mundo para la comida callejera

1. Bangkok, Tailandia
2. Singapur
3. Penang, Malasia
4. Marrakech, Marruecos
5. Palermo, Sicilia
6. Ciudad de Ho Chi Minh, Vietnam
7. Istanbul, Turquía
8. Ciudad de México, México
9. Bruselas, Belgica
10. Ambergris Caye, Belice (ceviche junto a la playa)

DESAYUNO Y BRUNCH

1. Panqueques Salados (Corea)

Ingredientes:

- 1-1/2 tazas de frijol mungo amarillo sin piel
- 1 taza de jugo de kimchi
- 1/4 taza de agua
- 3/4 taza de kimchi picado
- 1/2 taza de brotes de soja
- 3 cebollas verdes rebanadas y cortadas en trozos de 3 pulgadas
- 1 cucharada de ajo picado
- 1 cucharada de jengibre picado
- 1 cucharada de salsa de pescado
- 1 cucharada de aceite de sésamo
- Aceite de cocina

Salsa de acompañamiento

- 1/2 taza de salsa de soya
- 1/4 taza de vinagre de arroz
- 1 cucharada de aceite de sésamo
- 1/2 cucharadita de gochucharu
- 1/4 cucharadita de semillas de sésamo
- 1 cebolla verde picada

Direcciones:

1. Remoje los frijoles mung en agua durante la noche. Coloque los frijoles, el kimchi, el jugo, el agua, el ajo, el jengibre, la salsa de pescado y el aceite de sésamo en una licuadora.

2. Pulse los ingredientes hasta que se mezclen en una masa. No mezcle demasiado: la masa debe ser gruesa y un poco arenosa. Si está demasiado espeso, agregue un poco más de agua. Convierta la masa en un tazón grande y mezcle el kimchi, los brotes de soja y las cebollas verdes. Deje caer la masa en lotes en una sartén caliente y engrasada.

3. Freír por cada lado hasta que estén dorados y crujientes. Coloque los panqueques en una toalla de papel para absorber el exceso de aceite. Comer con la salsa para mojar.

2. Crepes (Francia)

Ingredientes:

- 1 taza de harina
- 1 cucharadita de azúcar blanca
- 1/4 cucharadita de sal
- 3 huevos
- 2 tazas de leche
- 2 cucharadas de mantequilla, derretida

Direcciones:

1. En un tazón grande, tamice la harina, el azúcar y la sal; dejar de lado.
2. En un tazón grande separado, bata los huevos y la leche con una batidora eléctrica hasta que quede suave y ligeramente espumoso.
3. Batir la mezcla de harina hasta que quede suave.
4. Agregue la mantequilla derretida.
5. Caliente una sartén de seis a ocho pulgadas ligeramente engrasada o una sartén para crepes a fuego medio alto.

6. Vierta o saque la masa en la sartén, usando aproximadamente dos cucharadas para cada crepe.
7. Incline y gire la estufa para esparcir la masa lo más finamente posible. Dore por ambos lados, retire a un plato y rellene o cubra como desee. Servir caliente.
8. Hace seis.

3. Congee (Hong Kong)

Ingredientes:

- 10 tazas de caldo de pollo
- 3 cucharadas de jerez semiseco
- 3 rebanadas de jengibre, de aproximadamente 1/4 de pulgada de grosor
- 3 cebollas verdes, solo la parte blanca, cortadas a lo largo y aplastadas con la parte plana de un cuchillo
- 1 taza de arroz de grano largo
- 1 pechuga de pollo, cocida y desmenuzada
- 4 cucharadas de jengibre finamente picado
- 4 cucharadas de cebollas verdes finamente picadas
- 2 cucharadas de aceite de sésamo

Direcciones:

1. Vierta el caldo de pollo en una sartén grande. Agregue el jerez, el jengibre y las cebollas verdes. Deje hervir, reduzca el fuego de inmediato y cocine a fuego lento durante 15 minutos.

2. Vuelva a hervir el líquido y agregue el arroz, luego reduzca el fuego, cocine a fuego lento y revuelva con frecuencia hasta que el arroz esté cocido y la mezcla tenga la consistencia de la avena. Remueve de vez en cuando durante unas dos horas.
3. Dejar reposar unos 30 minutos para que espese.
4. Cubra con pechuga de pollo, jengibre picado, cebollas verdes picadas y aceite de sésamo; atender.
5. Sirve cuatro.

4. Focaccia (Italia)

Ingredientes:

- 16 onzas de harina para todo uso
- 4 onzas de sémola (harina de trigo duro)
- 1 paquete de levadura seca
- 2 cucharaditas de azúcar
- 2 cucharaditas de sal
- 2 tazas de agua tibia (105-110 °F)
- 1/2 taza de aceite de oliva virgen extra

Coberturas

- Una lata de tomates de 14 onzas
- 2-3 cucharaditas de orégano seco
- 2 cucharadas de alcaparras
- 1/2 aceitunas verdes o traseras (opcional, pero muy recomendable)

Direcciones:

1. Precaliente el horno a 400°F

2. En un tazón grande, combine la harina, la levadura, el azúcar y la sal, y mezcle bien. Agregue lentamente el agua y comience a mezclar con las manos, rompiendo los grumos. Cuando

la masa esté suave (debe estar casi líquida), cúbrala con una toalla (y una manta tibia si la habitación está fresca) y déjela crecer durante 1-1/2 horas en un lugar cálido. La masa debe duplicar su tamaño y tener burbujas al final de la leudada. Si desea una focaccia más espesa, deje que la masa suba durante 1/2 hora más.

3. Prepare tres platos para hornear de 9 pulgadas o una bandeja para hornear galletas de 17 × 13 pulgadas. Extienda el aceite de oliva en el fondo y los lados de la(s) sartén(es), sin dejar áreas secas.

4. Vierta la masa de focaccia en la sartén y extiéndala uniformemente. Extienda los tomates enlatados sobre la superficie de la masa, espolvoree con orégano y alcaparras (y aceitunas, si lo desea). Espolvorea con sal marina y rocía con un poco de aceite de oliva.

5. Llevar al horno precalentado por 45 minutos.

6. Sirve 12-16.

5. Tortilla de ostras de Fujian

Ingredientes:

- 1 docena de ostras pequeñas, sin cáscara, alrededor de 10 a 12 onzas
- 2 huevos batidos
- 2 cucharadas de harina de camote
- 1/4 taza de agua
- Cilantro finamente picado y cebollas verdes
- Sal pimienta
- 2 cucharadas de manteca o aceite para freír

Direcciones:

1. En un tazón grande, haga una masa delgada con la harina de camote y el agua. Asegúrate de que la harina esté completamente disuelta.
2. Caliente la sartén para fumar. Cubra la superficie de la sartén con manteca o aceite.
3. Vierta la masa de camote. Cuando esté casi completamente cocido pero aún húmedo por encima, vierta los huevos batidos con sal y pimienta.

4. Cuando la parte inferior de la tortilla con costra de almidón esté dorada y el huevo batido esté a medio punto, rompa la tortilla en pedazos con una espátula. Empújelos hacia un lado.
5. Agregue las ostras, las cebollas verdes y el cilantro y saltee durante 1/2 minuto. Doblar y mezclar con huevo.

6. Sirva con salsa picante o la salsa de chile dulce (tian la jiang) de su elección.
7. Sirve dos.

6. Trigo & Gachas De Carne (Irán)

Ingredientes:

- 1 libra de paletilla y espalda de cordero
- 2 onzas de garbanzos secos
- 4 onzas de granos de trigo secos (el trigo rojo es bueno)
- 2 cebollas medianas
- 3 cucharadas de aceite vegetal
- 1/2 cucharadita de cúrcuma
- Guarnición: azúcar glas, canela en polvo y mantequilla derretida al gusto

Direcciones:

1. Lave y enjuague el trigo y los garbanzos por separado y déjelos en remojo en agua fría durante la noche.
2. Al día siguiente, pela los guisantes y el trigo.
3. Lave y seque la carne y córtela en trozos.
4. Pelar y cortar las cebollas en seis trozos.
5. Caliente el aceite en una sartén mediana y fría las cebollas hasta que estén transparentes.

6. Mezcle la cúrcuma y agregue los trozos de carne. Revuelva bien para sellar la carne por todos lados.
7. Escurrir y añadir los garbanzos a la carne y mezclar bien. Vierta una pinta de agua o caldo en la olla y deje hervir. Sazone al gusto.
8. Reduzca el fuego y deje hervir a fuego lento hasta que la carne esté casi cocida. Tamizar y agregar el trigo a la mezcla y dejar cocinar a fuego lento hasta que todos los ingredientes estén bien cocidos. Agregue agua según sea necesario y revuelva con frecuencia durante la cocción.
9. Una vez cocido, vierta la mezcla en una olla y golpee con el extremo plano de un ablandador de carne hasta que la carne esté desmenuzada y se logre una consistencia pegajosa similar a la de una papilla. Si la mezcla está más floja que la papilla, vuélvela a verter en la sartén y vuelve a poner a fuego lento. Revuelva continuamente hasta

que espese y agregue azúcar glas al gusto.

10. Verter en tazones individuales. Adorne con una pizca de canela y azúcar glas y una nuez de mantequilla antes de servir.

11. Sirve cuatro.

7. Okonomiyaki (Japón)

Ingredientes:

el panqueque

- 2 onzas de harina común para todo uso más una pizca de sal
- 5 huevos
- 1 repollo blanco pequeño, finamente rallado
- Hojuelas de katsuobushi a gusto
- 6 onzas de carne de res o cerdo en rodajas finas, cortadas en tiras, o 3 onzas de calamar, cortado en tiras
- 1 cucharada de aceite de cocina, para freír

Direcciones:

1. Mezcle todos los ingredientes en un tazón, agregue un poco de agua si la mezcla es demasiado espesa para untar y forme una tortita gruesa grande o varias más pequeñas.
2. Caliente el aceite, en una sartén pesada a fuego lento. Agregue el panqueque y cocine lentamente

dándole la vuelta cuando un lado esté listo para cocinar el otro.

3. Cuando el panqueque esté completamente cocido, colóquelo en un plato y úntelo con la salsa, luego espolvoréelo con aonori (hojuelas de algas secas), córtelo en bocados y cómalo con palillos.

8. Gachas De Mijo (Burkina Faso)

Ingredientes:

- 1 taza de mijo
- 2 tazas de agua

Direcciones:

1. Remoje el mijo durante cuatro días, luego escúrralo y lávelo. Muela hasta obtener una pasta en un mortero o en un procesador de alimentos.
2. Caliente las dos tazas de agua en un recipiente tapado (olla) hasta que se caliente. Agregue la pasta de mijo al agua tibia y revuelva continuamente para evitar grumos, hasta el punto de ebullición. Deja que la mezcla hierva durante 10 a 15 minutos. Agregue más pasta de mijo, un poco a la vez, mientras continúa revolviendo hasta que espese.
3. Sirva con guisos o salsas a base de chile.
4. Sirve de seis a ocho.

BOCADILLOS Y BOCADILLOS

9. Carne-Lleno pastelerías (Mongolia)

Ingredientes:

Masa
- 2-1/4 tazas de harina
- 1/4 cucharaditas de sal
- Aproximadamente 1 taza de agua

Relleno
- 1 libra de carne de res o cordero picada o molida
- 1-1/2 cucharaditas de sal
- 1/4 cucharaditas de pimienta negra molida
- 1/2 cucharaditas de mejorana
- 1/2 cebolla, finamente picada
- 1-2 dientes de ajo, finamente picados
- 1/2 taza de aceite para freír (la grasa de cordero es tradicional, pero el aceite de cocina funciona)

Direcciones:

1. En un tazón grande, combine la harina y la sal.

2. Agregue media taza de agua a la harina y luego continúe agregando agua poco a poco, mezclándola bien, hasta que tenga una masa áspera y seca, de la textura de la masa de pastel. Amasar hasta que la masa esté suave y elástica. Cubra y deje reposar de 5 a 10 minutos.

3. En un recipiente aparte, combine la carne, la sal, la pimienta negra, la mejorana, la cebolla picada y el ajo picado. Mezcle bien. Si está seco, agregue unas gotas de agua para humedecer.

4. Divide la masa en cuartos. Enrolle cada cuarto en un cilindro y córtelo por la mitad. Enrolle cada medio cilindro en un círculo de aproximadamente cinco a seis pulgadas de ancho.

5. Coloque alrededor de 2 a 2-1/2 cucharadas del relleno en un lado del círculo, dejando espacio alrededor del borde exterior. Dobla el otro lado, creando una media luna. Pellizque los

bordes para cerrarlos, exprimiendo el aire y aplanando el relleno mientras trabaja. Repite el proceso con el resto del relleno y las piezas de masa.

6. Vierta el aceite en una sartén, a una profundidad de aproximadamente 1/2 pulgada. Caliente el aceite hasta que esté caliente. Freír dos o tres pasteles a la vez durante dos minutos por lado, hasta que estén dorados y la carne esté cocida. El hushuur se puede comer frío o caliente.

7. Rinde ocho pasteles.

10. donas de manzana (Dinamarca)

Ingredientes:

- 1 taza de harina
- 1 cucharada de azúcar
- 1/4 cucharadita de sal gruesa
- 1 cucharadita de bicarbonato de sodio
- 2 cucharaditas de cardamomo molido
- 3 yemas de huevo
- 1-3/4 tazas de suero de leche
- Una pizca de ralladura de limón finamente rallada
- 3 claras de huevo
- 3-1/2 cucharadas de mantequilla, derretida

Relleno:

- 1 manzana, finamente picada o en puré, ciruelas pasas o pasas

Direcciones:

1. Tamiza la harina en un bol y mézclala con el azúcar, la sal, el bicarbonato de sodio y el cardamomo.
2. Batir las yemas de huevo con suero de leche y rallar la ralladura de limón en

la mezcla. Agregue la mezcla de harina gradualmente, hasta que la masa esté suave. Dejar reposar durante media hora.

3. Batir las claras de huevo en un recipiente aparte hasta que estén firmes. Doble con cuidado en la masa.
4. Caliente la sartén œbleskiver en un quemador de estufa de temperatura media a alta. Vierta una cucharadita de mantequilla derretida en cada hueco. Rellene los huecos con la masa casi hasta el borde. Coloque la sartén en el quemador y cocine hasta que los bordes comiencen a burbujear.
5. Coloque una cucharadita de relleno en cada uno mientras el centro todavía está líquido. Voltee el œbleskiver con un tenedor o una brocheta de madera, pasándolo por el borde de cada œbleskiver. Darles la vuelta en cuanto hayan formado una costra y estén de un bonito color marrón claro. Gire el œbleskiver un par de veces, para que

estén uniformemente horneados después de seis a ocho minutos.

6. Retire de la sartén y mantenga caliente en el horno a 200°F, mientras hornea el resto.

7. Coma con acompañamientos, si lo desea.

8. Rinde 25-30, suficiente para seis porciones.

11. Barbudos (Costa Rica)

Ingredientes:

- 1/2 libra de judías verdes frescas con los extremos cortados
- Agua para cubrir
- 2 huevos
- 2 cucharadas de harina
- 1 cucharadita de sal
- 1/2 cucharadita de chile en polvo molido, o al gusto
- 6 cucharadas de aceite vegetal o de oliva para freír

Direcciones:

1. Cortar las judías verdes y reservar. Coloque el agua en una cacerola profunda, deje hervir. Agregue las judías verdes y hierva durante uno o dos minutos, o hasta que estén ligeramente tiernas. Desagüe.
2. Coloque los huevos en un bol y bata hasta que estén ligeros. Batir la harina, la sal y el chile en polvo molido.

3. Coloque los frijoles en la mezcla de huevo y cúbralos bien.
4. Caliente el aceite en una sartén profunda y pesada. Cuando esté caliente (325°F), coloque unos cuantos frijoles en el aceite caliente y fríalos hasta que estén ligeramente dorados. Escurrir sobre toallas de papel y mantener caliente. Haz lo mismo con el resto de los frijoles.
5. Servir tibio.
6. Sirve cuatro.

12. Pone de yuca (Guyana)

Ingredientes:

- 2 huevos medianos
- 1 taza de azúcar granulada
- 1/2 cucharadita de sal
- 1-1/2 libras de yuca/mandioca finamente rallada (se puede comprar congelada, ya rallada)
- 1 cucharadita de canela molida
- 1/4 cucharadita de nuez moscada rallada
- 1/4 cucharadita de pimienta negra finamente molida (opcional)
- 4 cucharadas de mantequilla, derretida
- 12 onzas líquidas de leche de coco o leche de vaca

Direcciones:
1. Precaliente el horno a 350°F.
    2. Engrase un molde para pastel o un plato de vidrio cuadrado profundo de nueve pulgadas.
    3. Batir los huevos con el azúcar y la sal hasta que blanqueen y espese un poco.

4. Agregue la yuca/mandioca rallada y los demás ingredientes y mezcle bien hasta que quede suave.
5. Raspe la masa en el plato o molde y hornee en horno precalentado durante aproximadamente 1 a 1-1/4 horas hasta que esté bien cocido. La parte superior debe estar dorada en la mayoría de los lugares.
6. Dejar enfriar en la fuente o sartén y servir en cuadritos. Es muy denso, así que mantenga las porciones pequeñas para empezar.

7. Sirve de cuatro a seis.
8.

13. Causas (Perú)

Ingredientes:

- 2 libras de papas
- 4 cucharadas de pasta de ají amarillo
- 1/2 taza de aceite vegetal
- Jugo de 1 lima
- 1 lata de atún envasado en aceite
- 1/2 cebolla, finamente picada
- 1 taza de mayonesa
- 1 aguacate, cortado en rodajas
- Sal
- Dos huevos duros, en rodajas
- 1/4 taza de aceitunas negras en rodajas

Direcciones:

1. Hervir las patatas en agua con sal. Pelar y triturar mientras está caliente. Deje enfriar y mezcle bien con la pasta de ají amarillo, el aceite vegetal y el jugo de lima. Sal al gusto.
2. Mezclar el atún con la cebolla picada y la mahonesa.

3. Coloque una capa del puré de patatas en un plato de servir y úntelo con una fina capa de mayonesa. Coloque las rodajas de aguacate encima. Extender una segunda capa de puré de patata y cubrir con la mahonesa de atún.
4. Cubrir con una última capa de patatas y decorar con rodajas de huevos duros y aceitunas negras.

14. *Chapli* Kebab (Afganistán)

Ingredientes:

- 1 libra de cordero o ternera finamente picada
- 12 onzas de cebollas verdes, finamente picadas
- 4 onzas de harina blanca
- 1/2 pimiento dulce (verde o rojo), sin semillas y finamente picado
- 4 chiles verdes picantes, sin semillas y finamente picados (use menos si prefiere una versión más suave)
- 3-4 cucharadas de cilantro fresco, finamente picado
- 2 cucharaditas de semillas de cilantro molidas
- Sal al gusto
- 1/2 taza de aceite vegetal para freír
- 1/4 taza de cilantro fresco extra para decorar
- 12 gajos de limón

Direcciones:

1. Coloque la carne, las cebollas verdes, la harina, ambos tipos de pimiento, el cilantro fresco y molido y la sal al gusto en un tazón y mezcle y amase bien hasta que la mezcla esté suave y pegajosa. Forme la mezcla en oblongos planos de aproximadamente 6 × 4 pulgadas y 1/4 de pulgada de espesor.
2. Calienta suficiente aceite vegetal en una sartén para freír las brochetas (que deben estar casi cubiertas por el aceite) y fríelas a fuego medio-alto hasta que estén doradas por ambos lados y bien cocidas (unos 10 minutos).
3. Sirva con una ensalada de tomate y cebolla y chapatti o naan. Adorne con cilantro fresco y rodajas de limón.
4. Hace 12.

15. Perros de maíz (Estados Unidos)

Ingredientes:

- 1-1/3 tazas de harina de maíz
- 2/3 taza de harina
- 1 cucharada de azúcar
- 1 cucharadita de mostaza seca
- 1 cucharadita de polvo de hornear
- Sal al gusto
- 1/2 taza de leche
- 1 huevo, ligeramente batido
- 1 cucharada de manteca derretida
- 6 salchichas
- 6 brochetas o palitos

Direcciones:

1. Caliente el aceite para freír, a 375°F.
2. En un tazón grande, combine la harina de maíz, la harina, el azúcar, la mostaza, el polvo para hornear y la sal. Mezclar bien.
3. Agregue la leche, el huevo y la manteca, mezcle hasta que quede muy

suave. Vierta la mezcla en un vaso alto.

4. Ponga las salchichas en palitos. Sumérjalos en la masa de harina de maíz para cubrirlos uniformemente.
5. Freír en aceite calentado a 375 grados hasta que estén doradas, unos dos minutos. Escurrir sobre toallas de papel.
6. Hace seis.

16. Felafel (Israel)

Ingredientes:

- 1 taza de garbanzos secos, cocidos
- 1 diente de ajo, ligeramente machacado
- 1 cebolla mediana, picada
- 1 cucharadita de cilantro molido
- 1 cucharadita de comino molido
- 1-1/2 cucharadita de pimienta de cayena en polvo
- 1/2 taza de hojas de perejil picadas
- 1/2 cucharadita de sal
- 1/2 cucharadita de pimienta negra
- Jugo de 1 limón entero, exprimido
- Aceite de canola o maíz para freír

Direcciones:

1. Coloque los garbanzos en el tazón de un procesador de alimentos. Agregue los ingredientes restantes excepto el aceite. Pulse hasta que esté finamente picado pero no hecho puré, raspando los lados del tazón hacia abajo.

2. Agregue agua de remojo si es necesario para permitir que la mezcla forme una bola; no haga una pasta blanda.
3. Coloque aproximadamente dos pulgadas de aceite en una cacerola grande y profunda hasta una profundidad de al menos dos pulgadas. Caliente el aceite a unos 350°F.
4. Forme cucharadas de masa en forma de bolas o empanadas pequeñas. Freír en tandas hasta que se doren, volteando según sea necesario. El tiempo de cocción será de cinco minutos. Sirva caliente en pan de pita con pepinos y tomates picados y salsa de humus.
5. Sirve cuatro.

17. Cong usted Bing (China)

Ingredientes:

- 1 taza de harina
- 1/2 taza de agua hirviendo
- 1/2 cucharadita de sal
- 2 cucharadas de manteca de cerdo o aceite de sésamo
- 3 cebollas verdes, picadas (use solo la parte verde)
- Harina extra para amasar
- Manteca de cerdo o aceite vegetal para freír

Direcciones:

1. Mezcle la harina y el agua hirviendo hasta que se forme una masa húmeda. Amasar bien. Deje reposar la masa durante 30 minutos.
2. Espolvorea la superficie de trabajo con harina. Enrolle la masa en un tronco y divídala en dos bolas iguales.
3. Estirar cada bola de masa en un círculo plano. Cepille la superficie del círculo con aceite.

4. Haga rodar el círculo como lo haría con una alfombra. Gire este tubo en una bobina o en forma de caracol.
5. Aplanar suavemente con un rodillo. Cepille la superficie nuevamente con aceite o manteca.
6. Espolvorea con cebollas verdes y sazona con sal.
7. Enrolle una vez más como antes, primero como una alfombra, luego como una bobina. Vuelva a aplanar suavemente y enrolle en un círculo de siete pulgadas.
8. Freír a la plancha ambos lados en manteca de cerdo o aceite vegetal hasta que estén dorados. Repita con la segunda bola de masa. Cortar en gajos para servir.
9. Sirve cuatro.

18. Gughni (India)

Ingredientes:

- 1/2 libra de garbanzos frescos
- 2 cucharadas de coco rallado
- 1 cucharadita de azúcar
- 2 cucharadas de ghee (mantequilla clarificada)
- 1 cucharada de pimienta negra molida
- Jugo de 2 limas
- Sal al gusto

Direcciones:

1. Remoje los garbanzos durante la noche en suficiente agua para cubrir.
2. Escurra los garbanzos, coloque una sartén profunda y cubra con agua. Agregue el jengibre, el coco y la sal. Haga hervir el agua, reduzca el fuego a fuego lento y cocine hasta que el agua se seque y los garbanzos estén suaves pero no blandos.
3. Caliente el ghee en una sartén grande, agregue los garbanzos y saltee, revolviendo con frecuencia.

4. Agregue la pimienta negra y cocine por cinco minutos. Agregue el jugo de lima, mezcle bien y sirva.

5. Servir con puris.
6. Sirve de cuatro a seis.

19. albóndigas (Pavo)

Ingredientes:

- 1-1/4 libras de carne molida mediana en grasa
- 2-3 rebanadas de pan blanco duro
- 1 cebolla grande, finamente rallada
- 1 huevo batido
- 2 dientes de ajo, triturados
- 2 cucharaditas de comino molido
- 1 cucharadita de sal
- 1/2 cucharadita de pimienta negra
- 1 cucharada de aceite de oliva

Direcciones:

1. Coloque la carne picada en un tazón grande.
2. Deseche la corteza del pan, remoje el pan en agua y escúrralo con las manos. Desmenuzar el pan en carne picada.
3. Agregue el huevo, el ajo, el comino, la sal y la pimienta y amase hasta que esté bien mezclado como una masa.

4. Tome trozos del tamaño de una nuez, forme bolas redondas u óvalos y aplánelos ligeramente.

5. Cepille las albóndigas ligeramente con aceite de oliva. Asa o fríe en una sartén antiadherente por ambos lados hasta que se dore.

6. Servir con arroz. Puede asar tomates partidos por la mitad y pimientos verdes largos para servir con las albóndigas.

20. brochetas de pollo (Irán)

Ingredientes:

- Jugo de 2 limones
- 2 cebollas medianas
- 2 cucharadas de mantequilla
- Sal y pimienta para probar
- 1 cucharada de aceite vegetal
- Una pizca de azafrán (opcional)
- 20 muslos de pollo, sin hueso

Direcciones:

1. Lave y pele las piezas de pollo y séquelas sobre un paño de cocina. Marca suavemente el flash para permitir que la marinada penetre más profundamente.
2. Pelar y rallar las cebollas. Exprima la mayor cantidad de jugo posible y deséchelo.
3. (Opcional) Usando una maja y un mortero, muele el azafrán con 1/2 cucharadita de azúcar granulada hasta convertirlo en polvo. Transfiera el azafrán a una taza y agregue 1/4

taza de agua hirviendo. Cubra la taza con un platillo y déjela a un lado.

Escabeche

4. Coloque los trozos de pollo en un recipiente poco profundo y vierta las cebollas ralladas sobre ellos. Agregue una cucharada de jugo de limón, el aceite vegetal y sal y pimienta al gusto.
5. Mezcle para asegurarse de que las piezas de pollo estén bien cubiertas con la marinada. Cubra el plato con film transparente y déjelo durante al menos un par de horas.

Cocinando

6. Calentar una parrilla hasta que esté lo más caliente posible.
7. Coloque cinco trozos de pollo de la mezcla marinada en una brocheta de metal plana. Repita hasta que todas las piezas se hayan agotado.
8. Derretir la mantequilla y reservar. Ponga las brochetas en la parrilla y cepille con mantequilla y jugo de limón. Si usa azafrán, cepille algunas

brochetas con azafrán y otras con jugo de limón.

9. Gire para asegurarse de que ambos lados estén bien asados. Sirva sobre una cama de arroz integral o una rebanada de pan fresco.

10. Sirve de cuatro a seis.

21. Pan de patata (Noruega)

Ingredientes:

- 2 libras de papas peladas y hervidas, aún calientes
- 1 cucharadita de sal
- 0.8-1 taza de harina

Direcciones:

1. Una vez cocidas, machacar las patatas con la sal. Agregue la harina y mezcle bien. La menor cantidad de harina los hará más sabrosos, la mayor cantidad hará que la masa sea más fácil de extender.
2. Retire la masa de patata y colóquela en una placa de pan o en una superficie plana. Divide la masa en 12 a 14 piezas. Enrolle cada uno en una pieza circular de aproximadamente 1/8 de pulgada de grosor y 6 pulgadas de ancho.
3. Caliente una sartén o plancha seca a fuego medio hasta que esté caliente. Coloque cada lompe en una sartén y fríalos por ambos lados. Están listos

cuando todavía tienen un color claro con manchas más oscuras. Apila los terminados en un plato y cúbrelos con un paño de cocina para evitar que se sequen.

4. Use cada lompe como envoltura o coma solo con un condimento de su elección.

5. Hace 12 o más.

22. Masala Vadai (Sri Lanka)

Ingredientes:

- 1/2 libra de dhal amarillo (guisantes amarillos)
- Agua para cubrir
- 2-1/2 onzas de chalotes o cebollas en cubitos pequeños
- 2 cucharadas de semillas de hinojo (muela unos 3/4 y deje el resto entero)
- 1/2 cucharadita de chile en polvo o 5 chiles verdes cortados en cubitos pequeños
- 1/2 cucharada de pasta de pescado (disponible en tiendas indias y asiáticas)
- 1 ramita de hojas de curry, finamente ralladas
- 1/2 cucharadita de cúrcuma
- Sal al gusto
- 1/4—1/2 taza de aceite vegetal

Direcciones:

1. Lave el dhal para eliminar el polvo. Colocar en una cacerola profunda con

suficiente agua para cubrir y remojar durante la noche.
2. Escurrir el dhal.
3. Coloque 3/4 de dhal en el recipiente de un procesador de alimentos y muela hasta obtener una pasta espesa.
4. Caliente una cucharada de aceite en una sartén pequeña y fría los chalotes/cebollas hasta que estén caramelizados.
5. Vierta la pasta de dhal en un tazón y agregue todos los demás ingredientes, incluido el dhal restante, y mezcle bien.
6. Usando sus manos o una cuchara, tome suficiente mezcla de dhal para hacer una pequeña hamburguesa. Presione la mezcla en la palma de su mano suavemente para reafirmar la mezcla.
7. Caliente 1/4 taza de aceite en una sartén pesada. Freír en lotes hasta que cada vadai esté dorado.

8. vadai se puede servir frío o caliente.

9. Hace 30 vadai.

23. Mofongo (Puerto Rico)

Ingredientes:

- 3 plátanos maduros
- Aceite para freír
- 3 dientes de ajo, machacados
- 2 cucharadas de aceite de oliva
- 1/4 de libra de chicharrones (chicharrones fritos) o tocino frito, desmoronados
- Sal y pimienta para probar
- Jugo de lima

Direcciones:

1. Corte el plátano en rodajas de 1/2 pulgada.
2. Caliente el aceite en una sartén profunda y pesada a 325°F. Agregue las rodajas de plátano macho y fríalas en tandas hasta que se doren por fuera. Escurrir sobre toallas de papel.
3. Cuando estén listos, coloque los plátanos en el tazón de un procesador, mezcle con ajo, aceite de oliva y chicharrones o tocino (o use un

mortero si está disponible). Procesa la mezcla hasta que empiecen a quedar esponjosos.

4. Pruebe y agregue sal y pimienta al gusto. Espolvorear con jugo de lima al gusto.

5. Cuando esté listo, forme tres bolas con la mezcla y sirva con sopa o platos de carne, o rebane y coma tal cual.

6. Sirve de tres a cuatro.

24. Momo (Nepal)

Ingredientes:

- 4 tazas de harina blanca
- 2-3 tazas de agua
- 1 libra de carne de cerdo, pavo o pollo, cocida y picada finamente
- 1 cebolla mediana, finamente picada
- 1-2 dientes de ajo, finamente picados (al gusto)
- 1 cucharadita de cilantro molido
- 1/2 cucharadita de sal o al gusto
- 1/2 cucharadita de chile picante finamente picado

Direcciones:

1. Coloque la harina en un tazón grande y mezcle con agua. Amasar la harina en una masa fina y suave agregando agua según sea necesario. Deje reposar de 10 a 15 minutos.
2. Combine los demás ingredientes en un tazón y mezcle bien.

3. Forma bolitas con la masa del tamaño de un huevo y aplánalas sobre una superficie enharinada.
4. Sosteniendo una bola en la palma de la mano, coloque una cucharada de relleno en el centro. Dobla los lados y aprieta los bordes con fuerza para sellar y hacer una pequeña bolsa del tamaño de un bocado.

5. Hervir agua en una olla de vapor. Engrasar una bandeja de vapor, colocar momos en ella y cocinar al vapor durante 10 minutos.

6. Servir con un chutney de tomate y cilantro.
7. Hace alrededor de 25.

25. Brochetas de cordero (Asia central)

Ingredientes:
- 3 libras de cordero
- 6 cucharadas de jugo de limón
- 2 cebollas medianas picadas
- 3 cucharadas de cilantro finamente picado
- 1 cucharada de semillas de cilantro molidas
- 3 dientes de ajo finamente picados
- 1 cucharadita de sal
- 1 cucharadita de pimienta de cayena

Direcciones:

1. Combine todos los ingredientes excepto el cordero en un recipiente de vidrio y revuelva bien. Agregue los cubos de cordero y mezcle bien.
2. Deje que la mezcla se enfríe en el refrigerador durante la noche por lo menos 12 horas revolviendo ocasionalmente. Escurrir la marinada.
3. Espolvorea la carne ligeramente con sal y ensarta las piezas en una

brocheta de metal. No los amontone. Las piezas no deben tocarse entre sí.

4. Asa o asa a la parrilla el cordero al menos a cuatro pulgadas de la llama durante 7 a 12 minutos, dependiendo de qué tan rara te guste la carne. Espolvorear con sal y cayena al gusto.

5. Para decorar, marina la cebolla en rodajas finas en un recipiente poco profundo con vinagre blanco.

6. Sirve seis.

26. Nalistniki (Bielorrusia)

Ingredientes:

- 2 huevos
- 2 tazas de leche
- 1-1/2 tazas de harina
- 2 cucharadas de azúcar
- 2-3 cucharadas de mantequilla derretida
- 1/2 taza de crema agria

Direcciones:

1. Caliente el horno a 350°F.
2. Batir los huevos en un recipiente hondo. Mezcle la leche hasta que esté bien mezclado. Agregue la harina y el azúcar.
3. Mezclar bien en una masa fina.
4. Calentar una plancha plana o sartén con un poco de aceite para cubrir el fondo.
5. Vierta unas dos o tres cucharadas en la plancha y cocine hasta que el panqueque burbujee ligeramente. Voltee y cocine rápidamente hasta que esté ligeramente dorado.

6. Deje cada panqueque a un lado hasta que todos estén listos. Cuando termine, doble el nalistniki por la mitad, colóquelo en una bandeja para hornear, cubra con mantequilla derretida y crema agria, y hornee durante aproximadamente un minuto, hasta que esté bien crujiente.

7. Hace alrededor de 12.

27. Oliebollen (rosquillas), Países Bajos)

Ingredientes:

- 3-1/2 tazas de harina blanca
- 3/4 cucharadita de sal
- 1 cucharada de azúcar
- 2-1/4 cucharadita de levadura de crecimiento rápido
- Ralladura finamente rallada de un limón
- 2 huevos, bien batidos
- 1-1/2 tazas de leche tibia
- 3 onzas de pasas
- 3 onzas de grosellas
- 1 manzana ácida, rallada
- Aceite para freír
- Azúcar en polvo para espolvorear

Direcciones:

1. En un tazón grande, mezcle la harina, la sal, el azúcar, la levadura y la ralladura de limón.
2. Agregue los huevos y la leche y bata bien con una cuchara de madera durante varios minutos hasta que quede suave.

3. Agregue la fruta seca, cubra con un paño húmedo y déjelo en un lugar cálido hasta que doble su tamaño, aproximadamente una hora.
4. Cuando casi haya duplicado su tamaño, calentar el aceite.
5. Use dos cucharadas para levantar porciones de masa del tamaño de una ciruela y colóquelas en la grasa caliente.
6. Freír en tandas pequeñas hasta que estén doradas y bien cocidas, bajando el fuego si es necesario, para evitar que se quemen.
7. Escurrir sobre toallas de papel y servir inmediatamente, espolvoreado con azúcar en polvo.

8. Hace unos 20.

28. Pakorás (India)

Ingredientes:

- 1 berenjena mediana
- 7 onzas de harina de garbanzos
- 1 cucharadita de sal
- 1/2 cucharadita de chile en polvo (o al gusto)
- 1/2 cucharadita de cúrcuma molida
- 1 taza de agua fría, más o menos
- 1 taza de aceite vegetal para freír

Direcciones:

1. Corte las verduras en rodajas de aproximadamente 1/4 de pulgada de grosor y 2 pulgadas de diámetro y reserve.
2. Combine la harina de garbanzos, la sal, el chile en polvo y la cúrcuma en polvo en un tazón grande. Agregue suficiente agua para hacer una masa espesa.
3. Caliente el aceite en un wok o sartén profundo hasta que empiece a humear. Mezcle las rodajas de

verduras en la masa y colóquelas en el aceite una a la vez y cocine hasta que estén doradas (con cuidado de no salpicar la masa, ya que puede dejar una mancha permanente)

4. Retire las verduras cocidas con una espumadera y escurra el exceso de grasa.

5. Servir caliente con chutney de tomate o ketchup.

6. Sirve de cuatro a seis.

29. Pav Bhaji (India)

Ingredientes:

- 1 cabeza pequeña de coliflor, cortada en floretes (alrededor de 3 a 4 tazas)
- 3 papas medianas, peladas y cortadas en trozos grandes
- 2 cucharadas de aceite
- 1 pimiento verde, finamente picado
- 1/2 cucharadita de cúrcuma molida
- 1 cucharadita de chile en polvo o pasta de chile rojo
- 1 cucharadita de pasta de jengibre y ajo (disponible en supermercados indios)
- Sal al gusto
- 2-3 tazas de puré de tomate
- 1 cucharada de garam masala (pav bhaji masala si está disponible; de lo contrario, cualquier garam masala servirá)
- 1 cucharada de mantequilla
- Cuatro rollos duros
- Cebolla rebanada
- Limón

Direcciones:

1. Coloque la coliflor y las papas en una sartén profunda y cubra con agua. Llevar a ebullición, reducir el fuego y cocinar hasta que estén blandas.
2. Caliente el aceite en una sartén grande. Agregue la pimienta finamente picada y saltee hasta que se ablande. Agregue la pasta de jengibre y ajo y saltee durante 30 segundos más.
3. Agrega la cúrcuma y el chile en polvo y sal al gusto. Saltear durante unos segundos.
4. Agregue el puré de tomate, las papas hervidas y la coliflor, la masala y la mantequilla.
5. Continúe salteando y triturando con un machacador de papas hasta que la mezcla esté suave. Cocine a fuego lento durante 20-25 minutos, agregando agua si es necesario.
6. Cortar los rollos por la mitad y freír en mantequilla con el lado cortado

hacia abajo. Servir al lado con rodajas de cebolla y limón.

7. Sirve cuatro.

30. Pholourie (Trinidad)

Ingredientes:

- 1/2 libra de guisantes partidos
- 1 diente de ajo finamente picado
- 1/2 cucharadita de azafrán en polvo (o cúrcuma si no hay azafrán disponible)
- 1/8 de cucharadita de bicarbonato de sodio
- 1 cucharadita de polvo de hornear
- 1 cucharada de harina
- 1 cucharadita de sal
- Jugo de 1/2 lima pequeña
- Dos tazas de aceite o el necesario para freír

Direcciones:

1. Lave los guisantes partidos y déjelos en remojo durante la noche.
2. Escurrir los guisantes y moler hasta obtener una consistencia suave. Agregue todos los demás ingredientes, mezcle bien y déjelo reposar durante una hora, agregando un poco de agua si la mezcla se vuelve

demasiado seca. Luego vuélvelo a batir hasta que quede suave y esponjoso.

3. Calienta el aceite en una freidora. Vierta la mezcla por cucharadita en aceite caliente. Freír hasta que estén doradas o hasta que la pholourie flote en la parte superior.

4. Escurra y sirva inmediatamente con chutney de tamarindo o mango.

5. Hace alrededor de dos docenas, dependiendo del tamaño.

31. Pollo Piri-Piri (Mozambique)

Ingredientes:

- 1 pollo pequeño, 3 libras o menos
- 2 cucharadas de chiles piri-piri u ojo de pájaro triturados y secos (puede sustituir otros chiles secos en hojuelas)
- 1 cucharadita de sal
- 1 cucharada de hojuelas de pimiento rojo triturado (pimientos piri-piri u ojo de pájaro triturados serían los mejores)
- 4 dientes de ajo, machacados
- 2 cucharadas de jugo de limón, o jugo de un limón grande
- 1-2 cucharadas de aceite de oliva
- Piri piri salsa u otra salsa de chile picante

Direcciones:

1. Coloque el pollo en una tabla de cortar y córtelo hacia abajo a lo largo de la espina dorsal con un cuchillo afilado. Separa el pollo por la mitad en la tabla.

2. Coloque la sal, las hojuelas de pimiento picante, el ajo, el jugo de limón y el aceite de oliva en el tazón de un procesador de alimentos o licuadora y procese hasta que estén bien mezclados.
3. Retire de la licuadora y frote el pollo por ambos lados con la mezcla. Deje reposar durante al menos 15 minutos o más.
4. Caliente la parrilla a la temperatura adecuada. Cuando esté listo, asa el pollo por ambos lados hasta que esté listo. Mientras se cocina, el pollo se puede bañar con salsa piri-piri.
5. Sirve de dos a cuatro.

32. Pirozhki (Rusia)

Ingredientes:

masa pirozhki

- 3 tazas de harina para todo uso
- 2 cucharaditas de azúcar
- 1 cucharadita de sal
- 1/2 taza (8 cucharadas) de mantequilla fría sin sal
- 1 huevo, bien batido
- 1/2 a 2/3 taza de leche fría
- Glaseado: 1 huevo batido ligeramente con 1 cucharada de leche

relleno de carne

- 1 libra de carne molida de res o cerdo
- 2 cucharadas de aceite de girasol
- 1/2 taza de cebolla finamente picada
- 2 dientes de ajo, picados
- 1/2 cucharadita de pimienta negra recién molida
- 1/4 cucharadita de sal
- 1/4 cucharadita de pimienta de Jamaica molida

Direcciones:

masa pirozhki

1. Batir la harina, el azúcar y la sal en un tazón grande. Cortar la mantequilla fría en trozos pequeños. Use un cortador de masa para mezclar la harina y la mantequilla hasta que la mezcla parezca pan rallado grueso y no queden grumos de mantequilla.
2. Usando una cuchara grande, agregue el huevo batido. Agregue la leche fría, dos cucharadas a la vez, mezcle con la cuchara, luego con las manos, amasando ligeramente los ingredientes en el tazón para formar una masa suave y tersa. Agregue solo la leche suficiente para hacer una masa suave que no se desmorone ni se moje.
3. Cubra el recipiente con un paño de cocina y deje reposar la masa de hojaldre a temperatura ambiente durante 30 minutos. Precaliente el horno a 400°F.

4. Divida la masa por la mitad, manteniendo una mitad cubierta con la toalla. Extienda la otra mitad sobre una superficie ligeramente enharinada, hasta un grosor de 1/8 de pulgada. Use un cortador de galletas redondo de cuatro pulgadas para cortar la masa en círculos, colocándolos a un lado sobre una superficie ligeramente enharinada. Enrolle y corte la mitad restante de la masa, volviendo a enrollar y cortando los restos, para hacer un total de 16 a 18 círculos de masa para hojaldre.
5. Trabajando con un círculo de masa a la vez, enrolle la masa un poco más delgada, luego coloque una cucharada colmada de relleno en el centro del círculo.
6. Use su dedo para humedecer el borde del círculo ligeramente con agua, luego doble la masa por la mitad, sobre el relleno, para formar una forma de media luna.

7. Presione los bordes con los dientes de un tenedor para sellarlos herméticamente. Repita con los círculos de masa restantes.
8. Coloque la mitad de los pasteles rellenos en una bandeja para hornear grande sin engrasar. Cepille el glaseado de huevo y leche ligeramente sobre la parte superior. Hornee en la rejilla del medio del horno a 400 °F durante 15 a 18 minutos, o hasta que la parte superior esté ligeramente dorada. Glasear y hornear la mitad restante de los pasteles.
9. Servir caliente.

relleno de carne

10. Cocine la carne molida en una sartén hasta que esté completamente dorada, luego transfiera la carne y todos los jugos a un tazón.
11. Caliente el aceite en la sartén, agregue la cebolla y saltee hasta que

la cebolla esté transparente. Agregue el ajo y saltee dos minutos más.

12. Revuelva la mezcla de cebolla y todo el aceite de la sartén en la carne en el tazón. Agregue la pimienta, la sal y la pimienta de Jamaica, mezcle bien. Enfriar bien antes de usar. Rinde dos tazas de relleno.

13. Rinde de 16 a 18 piezas.

33. Pofesen (Austria)

Ingredientes:

- 2 rebanadas de pan (pan blanco, pan tostado también es posible)
- Aprox. 1/2 taza de mermelada de ciruela
- 1/2 pinta de leche
- 2 huevos
- una pizca de azúcar
- Azúcar en polvo
- Canela (al gusto)
- Aceite de cocina

Direcciones:

1. Extienda la mermelada de ciruela sobre una de las rebanadas, cubra con la otra rebanada y luego presiónelas juntas.
2. En un bol batir ligeramente los huevos con la leche y una pizca de azúcar.
3. Coloca el pan preparado en la mezcla de huevo, déjalo por un minuto para que absorba la mayor cantidad de líquido posible.

4. Mientras tanto, caliente un poco de aceite vegetal en una sartén antiadherente. Colocar el pan remojado en aceite y freír por ambos lados hasta que esté dorado.
5. Una vez frito, dejar enfriar sobre una rejilla forrada con papel de cocina que empape el exceso de grasa.
6. Servir con azúcar glass y canela al gusto.

34. Pupusa (El Salvador)

Ingredientes:

- 3 tazas de masa harina (disponible en tiendas latinoamericanas o como mezcla instantánea en muchos supermercados)
- 1/8 de cucharadita de sal o al gusto
- 2 tazas de agua
- 1 taza de queso Monterey Jack rallado
- 1/4-1/2 taza de mantequilla

Direcciones:

1. Combine la masa harina, la sal y el agua en un tazón grande y mezcle bien con una cuchara. La masa debe tener la consistencia de una masa para galletas con chispas de chocolate.
2. Forme hamburguesas con la masa, de aproximadamente 1/8 de pulgada de grosor y tres pulgadas de diámetro, y cúbralas con un paño húmedo.

Para Armar las Pupusas

3. Coloque una cucharada de queso en el centro de una hamburguesa de maíz.

Coloque otra hamburguesa encima del relleno y presione los bordes de las hamburguesas con las yemas de los dedos para sellar la pupusa. No se debe exponer ningún relleno. Si es así, cúbralo con un trozo de masa y acaricie el lugar suavemente.

4. Tenga lista una plancha o sartén pesada. Derrita 1 cucharada de mantequilla sobre ella. Coloque las pupusas encima y cocine a fuego medio-alto, volteándolas una vez, hasta que se doren, unos cuatro minutos por lado. Continúe cocinando todas las pupusas en una plancha untada con mantequilla hasta que estén listas.

5. Sirva de inmediato con ensalada de col y salsa de tomate.

35. Salsa Criolla (Argentina)

Ingredientes:

- 1 cebolla, finamente picada
- 1 pimiento rojo dulce; finamente picado (campana roja o pimiento)
- 1 pimiento verde, finamente picado
- 1 tomate, sin semillas y finamente picado
- 1 diente de ajo, finamente picado
- 1 cucharada de perejil de hoja plana, finamente picado
- 1/2 taza de aceite de oliva
- 1/4 taza de vinagre de vino tinto
- Sal y pimienta para probar

Direcciones:

1. Mezcla todos los ingredientes y sirve.

2. Disfrutar.

36. Seadas o Sebadas (Italia)

Ingredientes:

- 14 onzas de queso pecorino sardo joven
- 1 taza de agua
- 1 cucharada de harina de trigo duro
- Ralladura de 1/2 limón
- 18 onzas de harina para todo uso
- 2 onzas de manteca de cerdo o mantequilla
- Agua tibia
- Sal al gusto
- 1/2 taza de miel de abeja
- Aceite de oliva virgen extra para freír

Direcciones:

1. Pon el queso en una olla mediana. Agregue una taza de agua, la harina de trigo duro y la ralladura de 1/2 limón.

2. Caliente la mezcla a fuego medio, revolviendo constantemente hasta que los ingredientes se hayan combinado y la mezcla tenga una textura uniforme.

3. Retire la olla del fuego, extienda la mezcla sobre una superficie seca (p. ej., una tabla para picar) con un grosor de 1/2 pulgada y deje que se enfríe.
4. Mientras tanto, ponga la harina para todo uso en una superficie de trabajo en un montón. Haga un agujero en el centro (parecido a un volcán), agregue la manteca o la mantequilla y comience a trabajar la grasa en la harina.
5. Agregue un poco de agua tibia a la vez hasta que tenga una masa que pueda amasar. Si la masa está demasiado seca y se rompe, agregue un poco más de agua.
6. Amasar la masa durante al menos siete minutos. Envuelva la masa en una envoltura de plástico y déjela reposar durante al menos 20 minutos.
7. Cuando la masa haya reposado, extiéndala hasta obtener un grosor uniforme de 1/8 de pulgada. Cortar la masa en cuadrados de una pulgada.

Corte la mezcla de queso enfriada en cubos de 1/2 pulgada.

8. En una sartén grande, de al menos tres pulgadas de profundidad, caliente el aceite de oliva virgen extra para freír. El aceite debe estar caliente, pero no humeante (200–210°F). Freír las seadas varias a la vez, asegurándose de no sobrecargar la sartén. Las seadas siempre deben chisporrotear mientras se fríen.

9. Cuando las sedas estén doradas, sácalas del aceite y colócalas en un plato cubierto con toallas de papel.

10. Rocíe las seadas con miel y disfrútelas calientes.

11. Sirve seis.

37. Shashlyk (brocheta de carne a la parrilla)

Ingredientes:

- 2 libras de carne de cerdo o de res, sin la mayor parte de la grasa y cortada en cubos de 1-1/2 a 2 pulgadas
- 1 taza de vino blanco
- 1/2 taza de aceite de girasol
- 1/4 taza de vinagre blanco (o 2 cucharadas de vinagre blanco y 2 cucharadas de salmuera de eneldo agrio)
- 1 cebolla grande, cortada transversalmente en aros finos
- 4 dientes de ajo grandes, picados
- 4-6 clavos de olor enteros o bayas de enebro enteras, trituradas
- 2 hojas de laurel, desmenuzadas
- 1 cucharadita de hojuelas de pimiento rojo triturado
- 1 cucharadita de sal
- 1 cucharadita de pimienta negra

Direcciones:

1. Combine todos los ingredientes en un tazón grande no reactivo. Revuelva

para mezclar bien. Tape y refrigere por 24 horas, volteando la carne dos o tres veces mientras se marina.

2. Inserte los cubos de carne directamente de la marinada en brochetas de metal (no seque la carne antes de ensartarla), dejando un pequeño espacio entre cada pieza de carne. Deseche la marinada restante.

3. Tenga lista la parrilla muy caliente, preferiblemente con carbón. Cocine la carne diez centímetros sobre brasas muy calientes por aproximadamente 15 minutos, volteando la carne dos o tres veces, hasta que ya no esté rosada en el medio. Sirva caliente, acompañado de vodka frío o un abundante vino tinto.

4. Sirve cuatro.

38. Sopaipillas (Buñuelos De Calabaza, Chile)

Ingredientes:

- 1 taza (8 onzas) de pulpa de calabaza preparada, enlatada o congelada
- 1/2 taza de mantequilla derretida
- 1/4 tazas de harina
- 1 cucharadita de polvo de hornear
- 1 cucharadita de sal
- 2 tazas de aceite vegetal

Direcciones:

1. En un tazón grande, mezcle la calabaza y la mantequilla derretida.
2. En un recipiente aparte, tamice la harina, el polvo de hornear y la sal.
3. Revuelva la mezcla de harina en la calabaza hasta que esté bien mezclado y forme una masa.
4. Coloque la masa en una tabla ligeramente enharinada y amase hasta que quede suave, agregando más harina si es necesario. Cubra la masa con una toalla y déjela reposar durante 15 minutos.

5. Estire la masa hasta que tenga un grosor de 1/8 de pulgada y córtela en círculos de 3 pulgadas de diámetro con un vaso o un cortador de galletas. Pincha cada círculo varias veces con un tenedor.
6. Caliente el aceite vegetal en una sartén grande a fuego medio-alto hasta que esté caliente, 385 °F. Coloque varios de los círculos de masa en aceite caliente a la vez y cocine de tres a cuatro minutos hasta que estén ligeramente dorados.
7. Escurrir sobre toallas de papel.
8. Servir caliente con salsa chancaca tibia.
9. Hace alrededor de 16.

39. Souvlaki (Grecia)

Ingredientes:
- 1 libra de lomo o paleta de cerdo, cortado en cubos de una pulgada

Escabeche
- 1 diente de ajo
- 1/4 taza de aceite de oliva
- 1 cucharada de orégano seco
- 1 hoja de laurel, desmenuzada
- 2 cucharadas de jugo de limón
- 1/2 taza de vino tinto
- Sal y pimienta para probar
- Brochetas de madera, remojadas en agua durante varias horas para que no se quemen durante la cocción.

Direcciones:
1. Calentar la barbacoa o parrilla a fuego alto.
2. Combine todos los ingredientes de la marinada en un recipiente de vidrio, vierta sobre la carne y mezcle bien. Cubra y refrigere por varias horas o toda la noche.

3. Ensartar la carne, colocando cinco o seis piezas de carne en cada brocheta. Baje el fuego a medio y cocine durante 10 a 15 minutos, volteándolos de vez en cuando para asegurarse de que estén bien cocidos.

4. Servir con pan de pita y salsa tzatziki.

40. tacos (México)

Ingredientes:

Relleno (Picadillo)
- 2 cucharadas de aceite de cocina
- 1 cebolla mediana finamente picada
- 1 diente de ajo, finamente picado
- 1 libra de carne molida
- 1 cucharadita de comino molido
- 1 cucharadita de chile guajillo molido (opcional)
- 1 tomate mediano, finamente picado
- Sal y pimienta para probar

Armar
- Pequeña cantidad de aceite
- 12 tortillas de maiz
- picadillo
- lechuga picada
- Salsa, fresca o embotellada, al gusto

Direcciones:

1. Caliente el aceite en una sartén, agregue la cebolla y el ajo picados, y saltee hasta que estén transparentes.

2. Agregue la carne, el comino, el chile guajillo molido y los tomates y cocine a fuego lento, revolviendo, hasta que la carne se dore. Escurra el exceso de grasa de la sartén.

3. Vierta una pequeña cantidad de aceite en una toalla de papel y frote alrededor de una sartén pesada. Caliente la sartén a fuego medio hasta que esté caliente.

4. Coloque cada tortilla en una sartén caliente hasta que se hinche un poco.

5. Coloque el relleno y la lechuga picada al gusto en un lado del taco. Coloque la salsa al gusto en el taco. Doblar por la mitad y servir.

6. Rinde 12 tacos.

41. Tamales (México)

Ingredientes:

- 1 libra de masa preparada (masa de maíz, fresca o mezclada)
- 10 hojas de plátano 5" × 12"
- 1/2 libra de frijoles negros, hervidos y hechos puré
- Unas 10 hojas de epazote (pigweed), picadas
- sal kosher al gusto

Direcciones:

1. Tenga lista una vaporera, lo suficientemente grande como para contener 10 paquetes de tamales.
2. Prepare masa mezclando harina con agua o cómprela preparada en el mercado hispano.
3. Rasgue 10 tiras largas de hojas de plátano, para usarlas como nudos.
4. Coloque las hojas de plátano en un comal o sartén caliente y tueste ligeramente. Extienda la hoja plana.

5. Divide la masa en 10 piezas. Forme la masa en forma oblonga, luego aplánela en forma ovalada en cada hoja de plátano, dejando amplios márgenes en los bordes para doblar.
6. Divide los frijoles en 10 porciones. Extienda el puré de frijoles uniformemente en el centro de la masa. Espolvorea epazote picado sobre los frijoles.
7. Dobla las hojas de plátano en paquetes: dobla la parte inferior de la hoja hacia arriba y presiona ligeramente en el borde para sellar. Luego dobla el extremo izquierdo hacia el centro y el extremo derecho hacia el centro. Ate los paquetes con una tira de hojas alrededor del centro del paquete, con el nudo en los bordes doblados.
8. Ponga todos los tamales en la vaporera, ya sea en posición vertical o apilados. Cueza al vapor los tamales durante 35 minutos a fuego medio o

cuando cada tamal se separe fácilmente de la hoja.

9. Hace 10.

42. Kebab de carne molida (Marruecos)

Ingredientes:

- 2 libras de carne molida
- 1 clara de huevo
- 1 cucharadita de semillas de comino
- 1 cucharadita de sal
- 1/2 cucharadita de pimienta negra recién molida
- 2 cebollas medianas peladas y cortadas en aros gruesos
- Tomates y pepinos para decorar

Direcciones:

1. En un tazón grande, mezcle la carne molida con la clara de huevo, el comino, la sal y la pimienta, amasando la mezcla con las manos hasta que esté bien mezclado.
2. Enfríalo en el refrigerador por 30 minutos.
3. Mójate las manos y forma bolitas con la carne del tamaño de una nuez grande y ensártalas en brochetas de

metal alternando la carne con los aros de cebolla.

4. Empuje la punta de la brocheta a través de la bola de carne y presiónela firmemente alrededor de la brocheta.
5. Tenga lista una parrilla caliente. Ase a la parrilla oa la parrilla durante ocho minutos girando las brochetas una vez.
6. Deslice los kebabs de las brochetas a los platos para servir.
7. Sirve seis.
8. Servir con tomates en cuartos y cebollas en rodajas.

43. Tempeh Satay (Tailandia)

Ingredientes:

- 1 bloque de tempeh, cortado en trozos de 1/2 pulgada
- Aceite para freír
- Palillos de madera

Salsa de maní

- 2 cucharadas de mantequilla de maní
- 1 cucharadita de salsa de soya
- 1 cucharadita de salsa de chile picante
- 2 cucharadas de salsa hoisin
- 2 cucharadas de agua

Direcciones:

1. Ensarta de cuatro a cinco piezas de tempeh en cada brocheta.
2. Caliente el aceite en una sartén y fría ligeramente cada brocheta hasta que estén doradas. Ponga a un lado en un tazón pequeño.
3. Combine la mantequilla de maní, la salsa de soya, la salsa de chile picante, la salsa hoisin y el agua y revuelva para hacer una pasta suave.

4. Coloque el satay en un plato y cubra con salsa de maní.

5. Rinde unas cuatro brochetas.

44. Thes Heo (Vietnam)

Ingredientes:

- 2 libras de lomo de cerdo magro
- 2 cucharadas de azúcar
- 3 cucharadas de salsa de pescado (nuoc mam)
- 3 chalotes, picados
- 8 cebollas verdes, picadas
- 1/2 onzas de jengibre, pelado y picado
- 1 chile, picado

Direcciones:

1. Rebane la paleta de cerdo en rodajas finas, reserve.
2. A fuego medio, combine el azúcar y la salsa de pescado. Agregue los ingredientes restantes y vierta sobre el cerdo para marinar durante la noche en el refrigerador.
3. Precaliente el horno a 375°F
4. Llevar a temperatura ambiente y colocar en una fuente para horno tapada. Hornee a 375°F por 40

minutos, o hasta que la temperatura interna de la carne exceda los 145°F.
5. Triture la carne y úsela para banh mi kep o banh xeo.

45. Tostadas de Chicharo (México)

Ingredientes:

- 1/2 libra de guisantes verdes frescos o congelados
- 10 tortillas de maíz integrales o tostadas preenvasadas
- 1 cucharada de sal kosher, o al gusto
- 1/2 taza de aceite de canola
- Un paquete de 6 onzas de queso ranchero, rallado

Direcciones:

1. Coloque los guisantes verdes en una pequeña cantidad de agua en una cacerola. Deje hervir, reduzca el fuego y cocine a fuego lento hasta que estén tiernos, unos cinco minutos (o, si está congelado, siga las instrucciones del paquete para cocinar).
2. Coloque los guisantes cocidos en el vaso de una licuadora o procesador de alimentos (o molcajete) y haga puré; Sazonar con sal al gusto.

3. Para preparar tostadas de tortillas, caliente el aceite en una sartén y fría cada tortilla hasta que estén crujientes (es posible que necesite más aceite). Escurrir las tostadas.
4. Unta cada tostada con puré de chícharos y decora con queso ranchero.
5. Rinde 10 tostadas, sirve de 5 a 10.

46. Fricassée tunecino (Túnez)

Ingredientes:

para el pan
- 5 tazas de harina
- 2 huevos
- 2 cucharadas de levadura
- 1/2 taza de aceite
- 2 cucharadas de agua tibia
- 1 cucharada de sal
- una pizca de azúcar

Para el Relleno, a la Plancha o Asada
- Harissa salsa (salsa picante)
- 8 tomates
- 4 pimientos (rojos o verdes)
- 8 dientes de ajo, picados
- Una lata de 8 onzas de atún
- 4 huevos, cocidos
- aceitunas verdes y negras
- alcaparras
- 2 papas, hervidas
- Sal, pimienta, aceite de oliva y limón, al gusto

Direcciones:

1. En un tazón grande, ponga la levadura en dos cucharadas de agua tibia, agregue una o dos cucharadas de harina y mezcle bien. La mezcla no debe quedar demasiado fina ni espesa. Cúbralo con un paño y déjelo crecer durante una hora.

2. Mientras tanto, mezcle los ingredientes secos en un tazón grande (harina, sal y azúcar). Haz un hueco en el centro y añade la levadura (levadura, agua y harina), media taza de aceite y dos huevos. Amasar la masa a mano o en la batidora durante unos 10 minutos, o hasta que la masa no se rompa al estirarla entre dos dedos. Cubra y deje crecer en un lugar cálido durante al menos una hora.

3. Después de que la masa haya duplicado su tamaño, amasar y formar 20 bolas. Forme las bolas en bollos alargados y déjelos crecer en un lugar

cálido durante unos 30 minutos o hasta que dupliquen su tamaño.

4. Caliente el aceite y fría los bollos hasta que estén dorados.

5. Séquelos en toallas de papel, córtelos por la mitad de un lado, extienda la harissa generosamente dentro y luego agregue el relleno de su elección.

6. para el relleno: Asa los tomates, los pimientos y el ajo y córtalos en trozos pequeños. Dados dos papas hervidas. También puede optar por agregar atún enlatado, huevos duros cortados en cubitos, alcaparras y aceitunas. Sazone con sal y pimienta, un chorrito de aceite de oliva y unas gotas de jugo de limón.

7. Hace 20.

47. Turón (Filipinas)

Ingredientes:

- 1 manojo de saba de unas 10-12 piezas
- 1 libra de pulpa de jaca fresca (se pueden sustituir 10 onzas de jaca enlatada o congelada)
- 1/4 taza de azúcar moreno
- Aceite de cocina
- Dos paquetes de 10 onzas de envoltorios de lumpia (rollito de huevo o rollito de primavera). Descongelar si está congelado.
- Clara de huevo

Direcciones:

1. Pelar el saba, luego la mitad a lo largo. Si usa plátanos que no sean saba, pélelos y córtelos en segmentos de dos a tres pulgadas de largo, luego córtelos por la mitad a lo largo.
2. Cortar la jaca en segmentos igualmente.

3. Combina una porción de jaca con una mitad de plátano y espolvorea con azúcar morena.
4. Separe una envoltura de lumpia y colóquela en una bandeja o tabla de cortar.
5. Coloque la fruta azucarada en la mitad inferior de la envoltura de lumpia.
6. Enrolle el lado más cercano a usted sobre la fruta lejos de usted hasta llegar a la mitad de la envoltura.
7. Dobla los extremos del envoltorio hacia el centro. Opcional: Algunas cocineras dejan abiertas las puntas del turón para que queden bien crujientes al freírlo.
8. Continúe enrollando y selle los extremos abiertos con un poco de clara de huevo para mantener el rollo intacto.
9. Cepille el rollo con clara de huevo y páselo por azúcar morena.

10. Caliente unos centímetros de aceite de cocina en una olla pesada para freír el turón.
11. Cuando el turón flote, retírelo suavemente del aceite caliente y colóquelo sobre una toalla de papel para escurrir el exceso de aceite.

48. Yakitori (Japón)

Ingredientes:

- 3 onzas líquidas saté
- 6 onzas líquidas de salsa de soya
- 1-1/2 onzas líquidas de mirin (un edulcorante a base de alcohol, 14 % de alcohol)
- 2 cucharadas de azúcar

Direcciones:

1. Mezclar todos los ingredientes en una cacerola pequeña y llevar a ebullición.
2. Tenga lista una parrilla caliente (una parrilla japonesa hibachi es buena). Poner las brochetas sobre las brasas (como en una barbacoa) con cuidado de que no se quemen las brochetas y bañar con el dip una vez que empiece a correr el jugo del pollo.
3. Repita esto varias veces hasta que el pollo esté listo, luego coma de la brocheta, preferiblemente mientras aún está caliente.

49. Caramelo Irlandés Yellow Man (Irlanda)

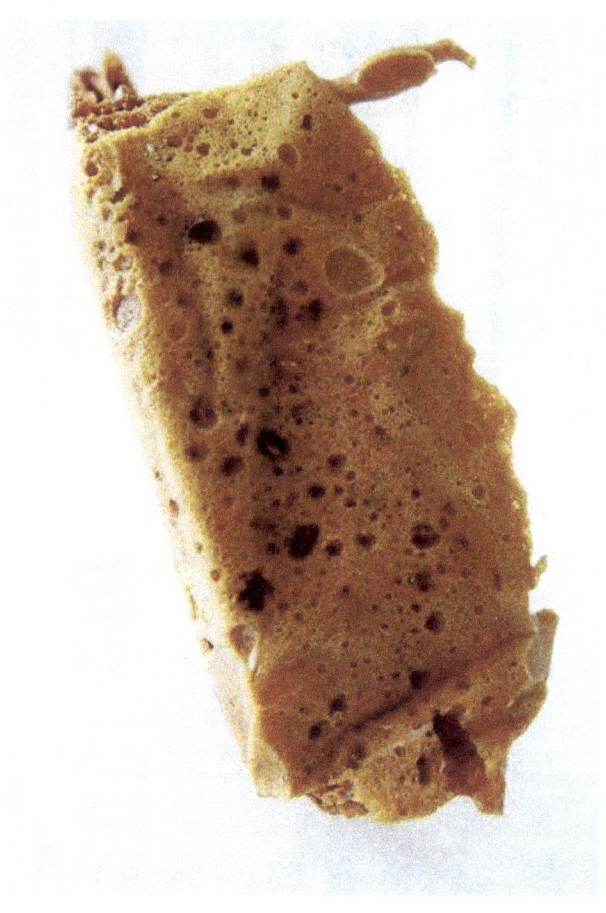

Ingredientes:

- 1 onza de mantequilla
- 8 onzas de azúcar moreno
- 1 libra de jarabe dorado
- 1 cucharadita de bicarbonato de sodio
- 1 cucharadita de vinagre
- 1 cucharadita de agua

Direcciones:

1. Derrita la mantequilla en una cacerola, luego agregue el azúcar, el jarabe dorado, el agua y el vinagre. Revuelva hasta que todos los ingredientes se derritan. Luego hierva la mezcla hasta que se logre una etapa conocida como "crack duro".

2. Para probar la grieta dura, coloque un poco de la mezcla del recipiente principal en un recipiente con agua fría hasta que se enfríe, luego levante y frótela entre el índice y el pulgar. Cuando el índice y el pulgar estén separados, la tira de toffee debe

romperse bruscamente. O use un termómetro para dulces.

3. Cuando se haya alcanzado este punto, agregue el bicarbonato de sodio, que debe hacer que la mezcla forme espuma.
4. Vierta la mezcla en una bandeja de losa que haya sido aceitada o tratada con grasa. Cuando esté lo suficientemente frío como para manipularlo, tire de la mezcla con las manos untadas con mantequilla hasta que tenga un color pálido/claro.
5. Cuando esté completamente duro, romper en trozos pequeños.

50. Boulanee (Afganistán)

Ingredientes:

- 1 libra de harina blanca tamizada
- 1 taza de agua
- 3 cucharaditas de sal
- 2 libras de papas, hervidas y en puré
- 2 onzas de cebollas verdes, finamente picadas
- 1 cucharadita de pimienta negra
- 1/4-1/2 taza de aceite vegetal para freír

Direcciones:

1. Ponga la harina y una cucharadita de sal en un tazón para mezclar. Agregue lentamente tanta agua como sea necesario y mezcle hasta formar una masa dura.

2. Coloque la masa sobre una superficie de trabajo limpia y amase durante aproximadamente 5 a 10 minutos hasta que la masa esté elástica, suave y brillante. Forme una bola con la masa, cúbrala con un paño húmedo y

déjela reposar durante al menos media hora.

3. Pelar y lavar las patatas y cocerlas en agua con sal hasta que estén blandas. Escurrir el agua y triturar bien. Mezcle las cebollas verdes, la sal y la pimienta negra.

4. Divide la masa en tres o cuatro bolas. Extienda cada bola lo más delgada posible sobre una superficie ligeramente enharinada (el grosor no debe ser mayor a 1/16 pulgadas (1-1/2 mm); si la masa es demasiado espesa, laboulanee será duro).

5. Tome un cortador redondo de cinco a seis pulgadas (13 a 15 cm) (se puede usar una tapa de sartén o una tapa de hojalata) y corte tantas rondas como sea posible. El número deboulanee dependerá de qué tan delgada se extienda la masa y del tamaño del cortador utilizado.

6. En la mitad de cada ronda, extienda aproximadamente una o dos cucharadas de la mezcla de puré de

papa. Humedecer los bordes de la masa, doblar y sellar. El boulanee debe extenderse sobre una superficie ligeramente enharinada hasta que esté listo para freír. No coloque uno encima del otro, ya que se pegarán.

7. cuando todos los boulanee están hechos y ya está listo para servirlos, caliente suficiente aceite vegetal en una sartén y fríalos poco a poco uno o dos a la vez a fuego medio-fuerte, dorando por ambos lados. Se sirven mejor crujientes y calientes, directamente de la sartén, pero se pueden mantener en un horno tibio hasta que estén listos.

8. Hace aproximadamente 15.

PLATO PRINCIPAL

51. Crujiente Lomo De Cerdo (Dinamarca)

Ingredientes:

- 5 libras de lomo de cerdo deshuesado, picado, con corteza
- 2-3 cucharadas de sal

Direcciones:

1. Precaliente el horno a 390°F

   2. Asegúrate de que la corteza esté marcada por todos lados. Frotar con sal gruesa.
   3. Ponga el lomo de cerdo en una bandeja para hornear. Agregue una taza de agua.
   4. Inserte un termómetro para carne en el medio del lomo y ase durante 1-1/2 hora o hasta que el termómetro registre 180°F.
   5. Compruebe si el chicharrón está crujiente. De lo contrario, encienda el horno a 480-580 °F y siga asando hasta que el termómetro registre 180 °F.

52. Pollo Kiev (Ucrania)

Ingredientes:

- 4 pechugas de pollo, aproximadamente 1/2 lb cada una
- Sal y pimienta para probar
- 1/4 libra (8 cucharadas) de mantequilla, blanda
- 1 cucharadita de eneldo, finamente picado
- 1 cucharadita de perejil de hoja plana, finamente picado
- 1 taza de harina
- 2 huevos batidos
- 2 tazas de pan rallado fino
- Aceite para freír

Direcciones:

1. Coloque las pechugas de pollo en una hoja de envoltura de plástico y golpee suavemente con un mazo de carne hasta que estén bastante delgadas. Espolvorear con sal y pimienta al gusto.

2. Coloque la mantequilla blanda en un bol y, con un tenedor o con los dedos, mezcle bien el eneldo y el perejil.
3. Forme la mantequilla en un rollo y colóquela en el congelador durante unos 10 a 20 minutos hasta que se endurezca, pero no se congele.
4. Cuando se endurezca, retire la mantequilla del congelador y divídala en cuatro rollos del mismo tamaño.
5. Coloque cada rollo en el lado largo de cada pechuga de pollo. Empuje hacia arriba los lados cortos hacia el centro, doble el lado largo de la pechuga sobre la mantequilla y enrolle firmemente. Cuando todo esté listo, coloque las pechugas en el refrigerador durante aproximadamente una hora, hasta que estén frías.
6. Cuando esté listo para cocinar, caliente alrededor de 1-1/2 a 2 pulgadas de aceite en una sartén profunda y pesada hasta 350°F.

7. Batir el huevo en un bol y colocar la harina en un plato y el pan rallado en otro. Pase la pechuga de pollo por harina, luego por la mezcla de huevo y luego por pan rallado hasta que esté bien cubierta. Colocar en aceite caliente y freír durante seis a siete minutos hasta que estén bien doradas. Asegúrate de que el pollo esté bien cocido.

8. Cuando esté listo, retíralo de la sartén y escúrrelo sobre toallas de papel.

9. Sirve cuatro.
10. Sirva con pepinos en rodajas o repollo en escabeche rallado.

53. Ternera Plov (Bukhara, Uzbekistán)

Ingredientes:

- 1/2 taza de aceite vegetal
- 3 cebollas grandes peladas y rebanadas
- 1-1/2 libras de carne de res para estofado cortada en cubos de una pulgada
- 6 zanahorias peladas y cortadas en tiras gruesas
- 2-1/2 tazas de arroz
- 3 tazas de agua hirviendo, aproximadamente
- Sal y pimienta para probar
- 2 cucharaditas de semillas de comino
- 1 cabeza de ajo partida en varios dientes sin pelar

Direcciones:

1. Caliente el aceite en una cacerola grande y pesada o en un horno holandés.
2. Saltee las cebollas durante cuatro o cinco minutos a fuego lento y agregue la carne. Dorar bien por todos lados

revolviendo frecuentemente durante 10 o 12 minutos.

3. Coloca las zanahorias encima de la mezcla de carne y cebolla, pero no las revuelvas.

4. Ponga el arroz encima de las zanahorias y vierta con cuidado el agua hirviendo por los lados de la olla. Debe llegar a una pulgada sobre la superficie del arroz.

5. Espolvorea con sal, pimienta y comino y revuelve con cuidado para que las especias se mezclen solo con el arroz y la carne y las verduras permanezcan intactas.

6. Lleve la mezcla a ebullición, reduzca el fuego a medio bajo, agregue los dientes de ajo, cubra la olla y cocine a fuego lento durante 40 minutos hasta que la mayor parte del agua se haya evaporado. Verifique que la mezcla no se queme.

7. Deje que la olla de agua hierva a fuego bastante alto hasta que el agua

se haya evaporado durante unos 15 a 20 minutos.

8. Haz varios agujeros en el arroz con una cuchara de madera para que se evapore el agua del fondo de la cacerola. Esponje la capa de arroz sin tocar las verduras o la carne. Reduzca el fuego a muy bajo, cubra bien la olla y cocine al vapor el plov hasta que el arroz esté tierno, unos 20-30 minutos más.

9. Retire del fuego y deje reposar durante cinco minutos antes de servir. Ponga el arroz en una fuente grande para servir y amontone la carne y las verduras sobre él.

10. Sirve seis.

54. Frijoles Negros (Guatemala)

Ingredientes:

- 1/2 libra de frijoles negros secos
- 1 cebolla pequeña, picada
- 1 diente de ajo picado
- 1 hoja de laurel
- 4 tazas de caldo de pollo
- Sal al gusto

Direcciones:

1. Coloque los frijoles secos en una sartén profunda con el resto de los ingredientes.
2. Deje hervir el caldo, reduzca el fuego y cocine los frijoles lentamente durante unas dos horas o hasta que estén tiernos. Agregue sal al gusto. Retire la hoja de laurel antes de servir.
3. Sirva con tortillas frescas, crema agria, una salsa picante, al gusto.

55. Cangrejo a la pimienta negra (Singapur)

Ingredientes:

- 3 cangrejos (aproximadamente 1 libra cada uno)
- 2 tazas de aceite
- 2 cucharadas de mantequilla
- 2 chalotes, en rodajas finas
- 2 dientes de ajo, finamente picados
- 1 cucharada de soja salada, triturada
- 2 cucharadas de gambas secas, asadas y molidas
- 2 cucharadas de pimienta negra molida
- 10 chiles rojos o verdes ojo de pájaro (tailandés) o chiles arboles
- 2 cucharadas de salsa de soja negra
- 3 cucharadas de azúcar
- 2 cucharadas de salsa de ostras

Direcciones:

1. Corte los cangrejos por la mitad y rompa las pinzas con una galleta de cangrejo o un mazo.

2. Caliente el aceite en una sartén profunda y pesada o en un wok a unos 350°F. Freír los cangrejos uno a la vez hasta que estén medio cocidos; escurrir y reservar.
3. En un wok, caliente la mantequilla hasta que esté caliente. Agregue los chalotes, el ajo, la soja salada, las gambas secas, la pimienta negra y los chiles, y saltee hasta que los chalotes se vuelvan transparentes.
4. Agregue el cangrejo, la salsa de soja negra, el azúcar y la salsa de ostras y cocine durante cinco minutos o hasta que los cangrejos estén cocidos.
5. Sirve cuatro.

56. Channa hervida (Guyana)

Ingredientes:

- 2-3 cucharadas de aceite vegetal para freír
- 1 cebolla blanca mediana, cortada en aros finos
- 2 latas (15-16 onzas) de garbanzos
- 1 chile rojo de ave, finamente picado
- 1 cucharadita de comino molido
- 2 cucharaditas de cilantro molido
- Sal al gusto, si es necesario

Direcciones:

1. Calentar el aceite en un wok o sartén.
2. Freír las cebollas hasta que estén ligeramente doradas.
3. Añadir los garbanzos escurridos y saltear brevemente.
4. Agregue el chile y las especias y continúe salteando durante uno o dos minutos.
5. Pruebe la sal y agregue un poco si es necesario. Los garbanzos enlatados suelen ser lo suficientemente salados.

6. Sirva tibio o a temperatura ambiente como refrigerio, con salsa opcional de pimienta de las Indias Occidentales preparada si le gusta la comida muy picante. (Mexicanohabanero la salsa también es buena).

7. Sirve de cuatro a seis.

57. empanadas de carne frita (Alemania)

Ingredientes:

- 1/4 de libra de cerdo molido
- 1/4 de libra de carne molida
- 1 huevo
- 1 cebolla mediana, finamente picada
- La mitad de un panecillo blanco, empapado en leche, exprimido y cortado en pedazos
- Sal y pimienta para probar
- pizca de nuez moscada
- 1/2 taza de pan rallado fino
- 2-4 cucharadas de mantequilla para freír

Direcciones:

1. Mezclar la carne con la cebolla, el huevo y el pan, y sazonar.
2. Forme cuatro hamburguesas semiesféricas, coloque pan rallado en un lugar y enrolle boletín en ellos hasta que se cubran.

3. Derrita la mantequilla en una sartén pesada y fría boletín en la mantequilla hasta que esté bien cocido.

4. Sirve cuatro.

58. Sopa de fideos con bolas de pescado (Hong Kong)

Ingredientes:

- 6 tazas de caldo de pollo
- 1 trozo de una pulgada de jengibre fresco, pelado, en rodajas
- anís 2 estrellas
- 2 cucharadas de salsa de soya
- 2 cucharaditas de azúcar moreno
- 1-1/2 libras de filete de pescado blanco deshuesado, sin piel, picado en trozos grandes
- 1/2 taza de cilantro, picado
- 1 cucharadita de corteza de lima finamente rallada
- 1 diente de ajo, machacado
- 1/2 libra de fideos tailandeses
- 4 onzas de guisantes, cortados, finamente rebanados
- Cilantro fresco para decorar

Direcciones:

1. En una cacerola grande, hierva el caldo, el jengibre, el anís estrellado,

la salsa de soya y el azúcar a fuego alto, luego reduzca el fuego y cocine a fuego lento, tapado, durante 15 minutos.
2. Coloque el pescado, el cilantro, la ralladura de lima y el ajo en el tazón de un procesador de alimentos. Condimentar con sal y pimienta. Procesar hasta combinar.
3. Cuando termine, retire la mezcla de pescado del procesador y forme bolas con cucharadas de la mezcla de pescado.
4. En una cacerola grande con tapa, cubra los fideos con agua hirviendo y déjelos reposar hasta que estén tiernos (de cinco a siete minutos). Separe los fideos con un tenedor y escúrralos.
5. Cuele el caldo y regrese a la sartén a fuego medio.
6. Agregue bolas de pescado al caldo y cocine, revolviendo, de 8 a 10 minutos.

7. Agregue los guisantes y cocine hasta que estén tiernos (alrededor de un minuto).

8. Divida los fideos entre los tazones y sirva la sopa sobre los fideos. Cubra con cilantro; atender.

9. Sirve cuatro.

59. Sopa de Maíz (Trinidad)

Ingredientes:

- 2 mazorcas de maíz fresco
- 1/2 taza de lentejas, sin cocer
- 1-2 tazas de tubérculos, cortados pequeños (ñame, yuca, taro, camote, plátano verde)
- 1/2 taza de zanahoria picada
- Sal al gusto)
- Sal de apio (al gusto)
- 1-2 cucharaditas de salsa de chile picante (o al gusto)
- Agua para hervir dal, unas 2 tazas
- 1 taza de calabaza madura, pelada y cortada en cubos
- 1/2 cucharadita de tomillo
- 1 a 12 onzas de leche de coco
- (Aceite de oliva para rociar encima, opcional)
- Cilantro picado/hojas de cilantro o chadon-béni/culantro, si lo tienes

Direcciones:

1. Hervir las mazorcas de maíz en agua sin sal. Cortar en trozos redondos con un cuchillo para picar.
2. Coloque el dal en una cacerola profunda y cubra el dal con agua. Cuando esté suave, agregue la calabaza, los tubérculos y la zanahoria, la sal, el tomillo y la salsa picante. Cocine hasta que estén blandas pero no desintegradas. Las verduras deben mantener sus formas.
3. Agregue los trozos de maíz y la leche de coco y cocine a fuego lento. Asegúrate de que la sopa no sea demasiado espesa. Si es así, agregue agua.

4. Rocíe el aceite de oliva en la parte superior. Espolvorear con las hojas de cilantro picadas/chadon-béni.

60. Dakkochi (Corea)

Ingredientes:

- 8 muslos de pollo deshuesados y sin piel

Escabeche

- 4 cucharadas de salsa de soya
- 4 cucharadas de soju (vino coreano)

Salsa

- 6 cucharadas de gochujang (pasta de pimiento rojo)
- 4 cucharadas de gochucharu (pimiento rojo en polvo)
- 4 cucharadas de salsa de soya
- 4 cucharadas de soju (vino coreano)
- 2 cucharadas de aceite de sésamo
- 2 cucharadas de jengibre rallado
- 2 cucharadas de miel
- 1 taza de pera asiática cortada en cubitos

Direcciones:

1. Cortar el pollo en trozos pequeños y cubrir con la marinada durante al menos una hora.

2. Combine todos los ingredientes de la salsa en una licuadora y pulse hasta que se mezclen. Ensarte las piezas de pollo en brochetas de madera empapadas y áselas hasta que estén cocidas.

3. Retirar del fuego y, con ayuda de una brocha, aplicar la salsa al pollo. Permita que el pollo repose por lo menos 10 minutos.

4. Colóquelo en la parrilla caliente y cocine hasta que el pollo esté ligeramente carbonizado, pero bien cocido.

61. Pescado & Patatas fritas (Gran Bretaña)

Ingredientes:

- 2 tazas, o más, de aceite vegetal para freír
- 4 onzas (1/2 taza) de harina
- Pizca de sal
- 2 huevos batidos
- 1 taza de leche
- 1 taza de agua
- Aproximadamente 2 libras de papas grandes
- 4 filetes de bacalao o eglefino, con un peso aproximado de 8 onzas cada uno
- Vinagre de malta
- Sal al gusto

Direcciones:
1. Tenga lista una freidora con 2 tazas de aceite calentado a 335°F
2. Empezar a calentar el aceite en una freidora.
    3. Poner la harina y la sal en un bol y mezclar con los huevos batidos. Poco a poco agregue la leche y el agua

hasta que la mezcla se asemeje a una crema fina. Ponga a un lado y deje reposar durante unas horas.

4. Al mismo tiempo, pela las papas y córtalas en tiras de 1/2 pulgada de largo por 3/4 de pulgada de ancho. Use una freidora y caliente el aceite a 335°F. Coloque las tiras de patata en una cesta y blanquéelas, friéndolas hasta que estén tiernas pero todavía pálidas. No los dore.

5. Retire la cesta del aceite, escurra y deje que se enfríe. Un refrigerador es mejor para esto.

6. Cuando esté listo para comer, recaliente el aceite o la grasa a 365°F. Sumerja el pescado en la masa, colóquelo en la cesta para freír y bájelo con cuidado en la grasa caliente. Freír hasta que estén crujientes y doradas. Desagüe.

7. Luego freír las patatas fritas blanqueadas durante unos minutos hasta que estén crujientes y doradas. Desagüe.

8. Espolvorea cada porción con sal y vinagre de malta, luego envuélvela en papel vegetal y luego en papel periódico.

9. Sirve cuatro.

62. Tiras de pollo frito (africano)

Ingredientes:

- 2 libras de tiras de pechuga de pollo deshuesadas
- 1-1/2 cucharadita de paprika
- 1 cucharadita de sal
- 1 cucharadita de pimienta
- 1-1/2 tazas de harina
- 1-2 huevos batidos
- 1/2 taza de leche
- 2 tazas de aceite vegetal

Direcciones:

1. Coloque el pollo en un tazón grande. Sazone las tiras de pollo crudas con paprika, pimienta y sal.
2. Enharina el pollo colocándolo en una bolsa (de papel o de plástico) con la mitad de la harina y agitándolo para cubrirlo.
3. Batir los huevos en un bol. Retire las tiras de pollo de la bolsa. Sumerja las tiras de pollo enharinadas en el huevo. Retire y coloque las tiras en harina

nuevamente. Retire los trozos de pollo de la bolsa y sacuda la harina sobrante.

4. Deje reposar las tiras de pollo durante varios minutos para que la capa se adhiera.
5. Caliente el aceite en una sartén profunda.
6. Pruebe la temperatura del aceite echando un poco de harina, que debe dorarse, no quemarse. Agregue el pollo al aceite.
7. Cocine a fondo durante unos cuatro minutos, volteando ocasionalmente, hasta que estén doradas por todos lados. Retire, escurra sobre una rejilla y sirva caliente.
8. Sirve 10-12.

63. Mayonesa Frieten Met (Bélgica)

Ingredientes:

- 3 libras de papas
- Grasa de res para freír

Direcciones:

1. Tenga lista una sartén con al menos 1 taza de aceite caliente a 320°F.
2. Pela las papas y asegúrate de quitar todas las manchas oscuras.
3. Enjuague con agua fría.
4. Córtalas en gajos de 1/2 pulgada.
5. Sécalas con un paño de cocina (o mucho papel de cocina).
6. Caliente el aceite a 320°F.
7. Coloque las papas en la canasta de la freidora. Bájalos en el aceite en lotes durante cinco minutos.
8. Retire del aceite y póngalas sobre papel de cocina y déjelas reposar unos 30 minutos (la mayor parte del aceite la absorberá el papel).

9. Mientras tanto, vuelva a calentar el aceite a 360°F y agregue más aceite si es necesario.

10. Coloque las papas en la canasta y fríalas nuevamente hasta que estén crujientes y doradas (solo uno o dos minutos).

11. Déjelos escurrir nuevamente sobre toallas de papel o en un colador de malla de alambre antes de servir.

12. Servir con sal y mayonesa.

13. Sirve cuatro.

64. Ful Meddames (Mash Egipto)

Ingredientes:

- 1 libra de habas secas, remojadas durante la noche
- 1 cucharada de vinagre de sidra de manzana cruda
- 3 cucharadas de tahini
- 6 dientes de ajo, picados
- 1 cucharada de comino en polvo
- 1 cucharada de semillas de cilantro molidas
- Jugo de 2 limas persas grandes
- Aceite de oliva virgen extra, sal y pimienta al gusto
- 1 tomate fresco grande, finamente picado
- 1 pepino, pelado y cortado en cubitos
- 3-4 cebollas verdes, picadas
- Manojo de perejil, picado

Direcciones:

1. Remoje una libra de habas secas durante la noche en agua tibia con una

cucharada de vinagre de sidra de manzana.

2. Después de remojar, deseche el agua y enjuague bien los frijoles. Agregue los frijoles a una olla grande y cubra con agua. Llevar a ebullición, luego cocine a fuego medio-bajo durante 4-5 horas en una estufa normal, o 1,5 horas en una olla a presión.
3. Si usa una olla de estufa normal, verifique el nivel del agua cada pocas horas, agregando agua caliente cuando el agua esté baja debido a la evaporación.
4. Cuando la piel alrededor del frijol se vuelve lo suficientemente suave para masticar, los frijoles están bien cocidos.
5. Alejar del calor. Picar finamente seis dientes de ajo y agregar a los frijoles.
6. Agregue tres cucharadas de tahini y revuelva bien. Agregue el comino, el cilantro, la sal, la pimienta, el aceite de oliva, el jugo de limón y mezcle.

Use una licuadora de inmersión para mezclar los frijoles con los condimentos.

7. Para la ensalada de acompañamiento, corte el tomate en cubos y pique el pepino, las cebollas verdes y el perejil.

8. Sirva el puré de frijoles caliente en un tazón, cubra con ensalada picada y junto con pan de pita tostado y tibio.

9. Sirve de cuatro a seis.

65. Irio (Kenia)

Ingredientes:
- 2 libras de papas, picadas
- 16 onzas de guisantes verdes, frescos o congelados
- 16 onzas de granos de maíz, frescos o congelados
- 8 onzas de col rizada, acelgas o espinacas
- 1 cebolla picada grande
- 8 onzas de guisantes de ojo negro cocidos
- 1 cucharadita de sal

Direcciones:

1. Coloque las papas en suficiente agua para cubrir. Llevar a ebullición y cocinar durante unos 20 minutos, hasta que las papas estén algo blandas.
2. Agregue el maíz, la col rizada y la cebolla. Agregue sal. Vuelva a hervir, reduzca el fuego y cocine a fuego lento hasta que las papas estén bien cocidas, aproximadamente 20 minutos.

3. Escurra el agua que quede y cocine a fuego lento hasta que esté tierno (unos 30 minutos).
4. Aplastarlos con un machacador de papas en la sartén. Ajuste la sal al gusto.
5. Sirve cuatro.

66. Pollo KabirajI (India)

Ingredientes:
- 5 chiles verdes
- 1 cebolla pequeña
- Zumo de 1 lima
- 1 cucharada de pasta de jengibre (disponible en tiendas de comida india)
- 1 cucharadita de comino molido
- 1 cucharadita de cilantro molido
- 2 cucharaditas de sal
- 1/2 cucharadita de cúrcuma molida
- 10 medias pechugas de pollo o cinco pechugas completas
- 3 huevos
- 2 cucharadas de harina
- 2 cucharaditas de pan rallado fino
- Aceite para freír poco profundo

Direcciones:

1. Muele la cebolla, los chiles y el jugo de limón para hacer una pasta.
2. Mezcle la pasta molida con la pasta de jengibre, las especias molidas y 1 cucharadita de sal.

3. Cat las pechugas de pollo con la pasta de especias. Cubra el recipiente y deje marinar en el refrigerador durante al menos dos horas.
4. Batir bien los huevos, sumergir las pechugas de pollo en la mezcla de huevo, luego en la harina y finalmente en el pan rallado.
5. En una sartén profunda y pesada, caliente el aceite hasta que humee. Cubra el pollo con la masa, colóquelo en el aceite, baje el fuego a medio y cocine hasta que el pollo esté cocido, unos 15 minutos.
6. Sirve de cuatro a seis.

67. Nihari (estofado de ternera, Pakistán)

Ingredientes:

- 2 cebollas grandes, en rodajas
- 1 cucharada de aceite
- 1 libra de carne de res deshuesada, cortada en cubos de 1-1/2 pulgada Un trozo de jengibre fresco de una pulgada
- 3 dientes de ajo
- 1 cucharadita de chile en polvo
- 1 cucharadita de sal
- 2 cucharaditas de harina

Garam masala (mezcla de especias)

- 6 clavos
- 1 cucharadita de semillas de comino
- 8 semillas de cardamomo negro, quitadas de las vainas
- 8 granos de pimienta negra
- 1 trozo de canela en rama de dos pulgadas

Adornar

- Jengibre en rodajas, chiles verdes en rodajas, hojas de cilantro frescas picadas

Direcciones:

1. Caliente el aceite en una sartén pesada. Agregue las cebollas y cocine durante cinco o seis minutos hasta que se doren.
2. Agregue la carne, cocine a fuego medio durante 30 minutos, revolviendo frecuentemente.
3. Licúa el jengibre y el ajo con un poco de agua en un procesador de alimentos hasta que estén suaves. Agregar a la carne y cocinar 10 minutos más. Agregue el chile en polvo y la sal, y cocine otros 30 minutos.
4. Mientras tanto, muele las especias para hacer un polvo fino. Mezcle la harina y las especias con un poco de agua, incorpore la mezcla de carne y agregue cuatro tazas de agua.
5. Mezcle bien y cocine, bien tapado, a fuego muy bajo durante aproximadamente una hora o hasta que la carne esté tierna.

6. Antes de servir, agregue la guarnición y sirva con naan u otro pan plano.

7. Sirve cuatro.

68. Nohutlu Pilav (Arroz Pilaf, Pavo)

Ingredientes:
- 1 taza de garbanzos
- 2 tazas de arroz de grano corto
- Agua caliente para cubrir el arroz.
- 1 cucharadita de sal
- 3 tazas de caldo de pollo
- 4 cucharadas de mantequilla
- Sal al gusto
- Pimienta al gusto

Direcciones:

1. Coloque los garbanzos en una cacerola y cubra con agua fría. Remoja durante la noche.
2. Al día siguiente, escurre el agua y vuelve a cubrir los garbanzos con agua. Coloque en la estufa, hierva, luego reduzca el fuego a fuego lento y cocine los garbanzos hasta que estén tiernos. Ponga a un lado para enfriar. Escurrir los garbanzos y quitarles la piel con los dedos tanto como sea posible.

3. Remoje el arroz en agua caliente pero no hirviendo con una cucharadita de sal. Cuando esté frío, escurrir y enjuagar con agua fría hasta que el agua salga clara.
4. Llevar el caldo a ebullición, añadir los garbanzos y la mantequilla. Cuando hierva, agregue el arroz y una cucharadita de sal. Cubra y baje el fuego a bajo.
5. Deja cocer a fuego lento hasta que el arroz absorba todo el líquido, unos 20 minutos. Aparecerán pequeños agujeros en la superficie del arroz cuando se absorba el líquido.
6. Retire del fuego y coloque unas cuantas capas de toallas de papel debajo de la tapa y cubra nuevamente. Reserve unos 10-15 minutos. Antes de servir, mezcle suavemente para esponjar el arroz. Espolvorea con pimienta negra si lo deseas.
7. Sirve seis.

69. Curry de patata (India)

Ingredientes:

- 1-1/2 cucharadas de aceite vegetal
- 1 cucharadita de semillas de comino
- 2 cucharaditas de cúrcuma en polvo
- 1-2 cucharaditas de chile en polvo
- 1 libra de papas, hervidas, peladas y en cubos
- Sal al gusto
- 3 tazas de agua caliente

Direcciones:

1. Calentar el aceite en un wok a fuego medio. Cuando esté caliente, saltee las especias durante 30 segundos. No los quemes.
2. Agregue las papas, luego el agua caliente. Cocine a fuego medio, revolviendo con frecuencia hasta que la salsa resultante se espese. Agrega más agua si es necesario.
3. Sirva con puri (un pan indio frito) y una salsa picante.
4. Sirve cuatro.

70. Arroz y Frijoles (Belice)

Ingredientes:

- 1/2 libra de frijoles rojos, remojados durante la noche
- 4 tazas de agua
- 1 cucharadita de sal
- 2-4 dientes de ajo, machacados y picados
- 1 cebolla grande, picada en trozos grandes
- 2 onzas de cerdo salado o carne de res salada
- 2 cucharaditas de tomillo fresco, picado
- 1 taza de leche de coco
- 1 taza de arroz
- Pimienta negra molida al gusto

Direcciones:

1. Coloque los frijoles remojados y escurridos en una sartén profunda con ajo, cebolla y carne salada. Cubra, deje hervir, reduzca el fuego y cocine hasta que los frijoles estén casi tiernos, aproximadamente una hora.

2. Asegúrese de que el líquido se reduzca a aproximadamente una taza. Agregue el tomillo y la leche de coco y deje hervir.
3. Agregue el arroz, cubra, reduzca el fuego y cocine hasta que el arroz esté listo, aproximadamente 20 minutos. Espolvorear con pimienta negra.
4. Sirve cuatro.
5. Para hacer esto verdaderamente beliceño, sirva con una salsa picante, se prefiere el habanero, pero tenga mucho cuidado.

71. Ris Graz (arroz frito, Burkina Faso)

Ingredientes:
- 3 dientes de ajo
- 4 tomates, picados
- 1/2 cebolla, finamente picada
- 2 chiles picantes
- perejil fresco picado
- 4 cucharadas de pasta de tomate
- 1 litro de agua
- 1 cubito de caldo
- 2 tazas de arroz
- 4 pimientos verdes, picados
- Aceite para freír
- Sal y pimienta negra, al gusto

Direcciones:

1. Colocar en el recipiente de un procesador de alimentos. Procese el ajo, los tomates, los chiles, la cebolla y el perejil para hacer una pasta.
2. Agregue media taza de aceite a una sartén grande y agregue la pasta de chile con una cuchara. Coloque la sartén que contiene el aceite y la

pasta de tomate con chile en un fuego medio-alto y cocine durante ocho minutos.

3. Agregue la pasta de tomate. Agregue un litro de agua y el cubito de caldo y deje hervir mientras revuelve.

4. Agregue el arroz y los pimientos. Reduzca a fuego lento, cubra y cocine por 15 minutos. Verifique el agua, reduzca a fuego lento muy suave y continúe cocinando, tapado, durante otros 10 minutos (se debe absorber toda el agua).

5. Sirve de cuatro a seis.

72. Berberechos Asados (Camboya)

Ingredientes:
- 2 libras de berberechos, limpios y enjuagados
- 1/2 taza de aceite de oliva
- 2 cucharaditas de sal kosher
- 2 chiles, picados
- 1 diente de ajo, picado
- 2 cucharadas de jugo de lima

Direcciones:

1. Precaliente el horno a 450°F.

2. Coloque los berberechos preparados en una asadera poco profunda y hornee de 5 a 10 minutos, hasta que estén abiertos (sacudiendo la bandeja de vez en cuando).

3. Mientras tanto, combine el aceite de oliva y los condimentos en una cacerola a fuego medio. Dejar cocer a fuego lento de dos a cuatro minutos. Dejar de lado.

4. Deseche los berberechos cerrados y coloque los berberechos abiertos y

sus jugos en un tazón para servir.
Rocíe con aceite y sirva.

5. Sirve de seis a ocho.

SÁNDWICHES Y ENVOLTURAS

73. Sándwich de lomo de cerdo (Dinamarca)

Ingredientes:

- 2-4 rebanadas de cerdo asado con chicharrones
- 4 cucharadas de repollo rojo agridulce
- 3 cucharadas de mayonesa de buena calidad
- 1 cucharada de mostaza fuerte y gruesa
- 2 pepinillos, en rodajas
- 1 manzana dama
- Unos aros de cebolla roja (opcional)

Repollo rojo agridulce

- 1 col roja mediana
- 1/2 botella de vino tinto
- Especias: clavo, hojas de laurel, rama de canela, pimienta, anís estrellado
- 2 cebollas
- Sal
- 3 cucharadas de grasa de pato o de ganso
- 2 tazas de vinagre balsámico o de sidra

- 2 cucharadas de azúcar de caña, dependiendo del dulzor del vino y del vinagre

Direcciones:

1. Caliente el lomo de cerdo y la col lombarda si es necesario.
2. Revuelva la mayonesa con la mostaza y extiéndala sobre las rebanadas de pan.
3. Coloque el repollo rojo, la carne, los pepinillos en rodajas, la manzana en rodajas y los aros de cebolla en capas sobre una rebanada de pan y cierre con la otra rebanada para hacer un sándwich.
4. Hervir vino tinto con especias secas durante 5 minutos y dejar en infusión durante 15 minutos.
5. Retire el tallo de la cabeza del repollo si hay uno y tritúrelo. Pelar y picar la cebolla.

6. Saltee el repollo rojo y la cebolla en grasa de ganso en una sartén grande de fondo grueso.
7. Vierta el vino tinto a través de un tamiz para eliminar las especias en la sartén y agregue sal.
8. Dejar cocer a fuego lento durante al menos una hora; varias horas de cocción darán un repollo suave y maravillosamente sabroso.//
9. Sazone la col lombarda con vinagre y azúcar.

10. Sirve dos.

74. Sándwich De Pescado Picante (Líbano)

Ingredientes:

- 2 libras de filete de pescado de mar blanco
- 3 cucharadas de aceite de oliva virgen extra
- 4 dientes de ajo, machacados
- 1 taza de cilantro finamente picado
- 1/2 cucharadita de cilantro molido
- 1/2 cucharadita de comino molido
- 1/2 cucharadita de hojuelas de pimiento rojo triturado

Para la Salsa Tarator

- 1/2 taza de tahini
- Jugo de 1 limón, o al gusto
- 1/2 taza de agua
- Sal marina

Para la Salsa de Ajo

- 5 dientes de ajo grandes
- 1 patata mediana, hervida y triturada
- 1/3 taza de aceite de oliva virgen extra
- 3-4 cucharadas de yogur colado

Para los Sándwiches
- 6 panes de pita medianos
- 1 tomate mediano, en rodajas finas
- 1 taza de lechuga picada

Direcciones:
1. Precalentar el horno a 180°C
2. Coloque el filete de pescado, con la piel hacia abajo, sobre una parrilla en una fuente para horno. Hornea el pescado durante 25 a 30 minutos o hasta que esté listo. No cocine demasiado el pescado o se volverá gomoso. Dejar enfriar. Desmenúcelo en trozos pequeños, cúbralo y déjelo a un lado.
3. Saltea el aceite, el ajo, el cilantro y el cilantro molido en una sartén, revolviendo todo el tiempo, hasta que suba el aroma. Luego agregue el comino y el pimiento rojo. Mezclar bien y retirar del fuego.
4. Haga el tarator mezclando los ingredientes, agregando sal al gusto, hasta obtener una salsa cremosa, y vierta en una cacerola pequeña. Llevar

a fuego medio y llevar a ebullición removiendo regularmente. Cuando la salsa comience a hervir, agregue el cilantro salteado y cocine a fuego lento durante unos cinco minutos o hasta que comience a separarse y el aceite suba a la superficie. Retirar del fuego y dejar enfriar.

5. Escurra el líquido del pescado si lo hay y agréguelo a la salsa tahini. Mezclar bien, luego probar y ajustar la sazón.

6. Haga la salsa de ajo machacando los dientes de ajo con un poco de salsa en un mortero con una maja. Mezcle el puré de papa, luego rocíe lentamente el aceite como si estuviera haciendo una mayonesa. Probar la salsa, y si está demasiado picante, añadir el yogur colado y más sal al gusto.

7. Abra el pan de pita por la costura y colóquelo cada dos capas, una sobre la otra, con el lado áspero hacia arriba. Unte cada círculo superior con un poco de salsa de ajo. Divida el

pescado en partes iguales entre los panes de pita, esparza cantidades iguales de tomate y lechuga sobre el pescado y espolvoree con un poco de sal marina. Haga rodar la pita sobre el relleno de pescado y deje cada sándwich entero y córtelo en dos diagonalmente; puede tostar el sándwich ligeramente en una tostadora Panini o contra una sartén caliente. Envuelva las mitades inferiores con una servilleta de papel y sirva inmediatamente.

8. Alternativamente, use el pescado como aderezo para crostini. Tostar seis rebanadas de pan integral o de otro tipo y untar cada una con salsa de ajo. Extienda un poco de lechuga picada sobre el ajo y cubra con cantidades iguales de la mezcla de pescado. Esparza una pequeña cantidad de tomates finamente picados por todas partes y espolvoree con un poco de sal marina. Servir inmediatamente con rodajas de limón.

9. Si desea hacer el sándwich con pulpo, saltee el cilantro y el ajo con todos los condimentos como se describe en el siguiente texto y agregue jugo de limón al gusto. Una vez enfriado, mezclar con el pulpo cocido y troceado. Hacer el sándwich con la misma guarnición.

10. Sirve seis.

75. Zapiekanka (Polonia)

Ingredientes:

- 1/2 libra de champiñones
- 4 cucharadas de mantequilla
- 4 rebanadas de queso gouda o mozzarella
- 6 rebanadas de jamón o salami
- 1 cucharada de orégano picado
- 1 cucharada de pimentón molido, picante o suave al gusto
- Ketchup y mayonesa al gusto

Direcciones:

1. Cortar el pan en cuartos para hacer cuatro piezas. Saque un poco de la perla para hacer espacio para el relleno.
2. Derrita la mantequilla en una sartén pesada. Agregue los champiñones y saltee hasta que estén bien cocidos.
3. Rellena cada mitad de pan con champiñones salteados.
4. Coloque el queso sobre los champiñones, luego las rebanadas de carne.

5. Espolvorea las mitades de pan con orégano y pimentón.
6. Tenga listo un asador caliente. Coloque el pan relleno debajo del asador durante uno o dos minutos o hasta que el queso se derrita.
7. Sirva con salsa de tomate; la mayonesa es opcional.
8. Sirve dos.

76. Sándwich relleno de pollo (Irlanda)

Ingredientes:

- Pechuga de pollo cocida en rodajas
- Pan blanco en rodajas (pan)
- Manteca
- Mayonesa
- Relleno

Direcciones:

1. Unte dos rebanadas de pan de molde blanco con mantequilla y mayonesa. Coloque las rebanadas de pollo cocido encima. Cubra con perejil y tomillo, o relleno de salvia y cebolla. Cortar por la mitad en diagonal y servir.
2. Para el relleno, rehogue la cebolla finamente picada en mantequilla hasta que esté suave. Agregue las hierbas picadas y el pan rallado y mezcle bien. Sazone con sal y pimienta y cocine lentamente hasta que los sabores se combinen.

77. Burritos (Estados Unidos)

Ingredientes:

- 1/2 cebolla mediana, picada en trozos grandes
- 1 diente de ajo, machacado y finamente picado
- 1 libra de carne molida magra
- 2 cucharaditas de chile en polvo
- 1/2 cucharadita de comino molido
- Sal y pimienta para probar
- 1 lata (16 onzas) de frijoles refritos
- Tarro de 8 a 12 onzas de salsa de chile mexicana, roja
- 6 tortillas de harina grandes

- Opcional: queso mexicano rallado, crema agria, guacamole, tomates picados, lechuga picada.

Direcciones:

1. Precaliente el horno a 350°F.
2. En una sartén grande a fuego medio, saltee la cebolla y el ajo hasta que estén transparentes.

3. Agregue la carne molida y cocine hasta que la carne esté dorada, revolviendo con frecuencia para romper la carne. Escurra la grasa de la sartén.
4. Agregue el chile en polvo, el comino, la sal y la pimienta; cocine a fuego lento durante 10 minutos. Agregue los frijoles refritos y la mitad de la salsa de chile. Caliente a fondo.
5. Coloque las tortillas en una tabla o plato. Coloque aproximadamente 1/2 taza de la mezcla de carne molida en cada tortilla, enrolle y coloque con la costura hacia abajo en una fuente para hornear. Haz lo mismo con el resto de las tortillas.
6. Coloque en el horno precalentado y hornee por 10 minutos. Retire y sirva tal cual o con acompañamientos opcionales.
7. Sirve seis.

78. Shawarma Ghanam (Líbano)

Ingredientes:

- 1-3/4 libras de cordero desde el hombro, en rodajas finas (alrededor de 3 tazas)
- 2 cebollas medianas, en rodajas finas
- Jugo de 1 limón, o al gusto
- 4 cucharadas de aceite de oliva virgen extra
- 1/2 cucharadita de canela molida
- 1/2 cucharadita de pimienta de Jamaica molida
- Unas ramitas de tomillo fresco, hojas
- Sal
- Pimienta negra recién molida
- 2-4 cucharadas de aceite de oliva, para saltear

Para los Sándwiches

- 2-3 panes de pita redondos de aproximadamente 8 pulgadas de diámetro o 4-6 ovalados
- 4-6 tomates pequeños, en rodajas finas
- 1/2 cebolla roja mediana, en rodajas muy finas

- 4-6 pepinillos, cortados en rodajas finas a lo largo
- 1/2 cucharadita de menta finamente picada
- 1/2 cucharadita de perejil de hoja plana finamente picado
- Salsa tahini, al gusto

Direcciones:

1. Coloque la carne en un tazón grande para mezclar, agregue la cebolla, el jugo de limón, el aceite de oliva, las especias, el tomillo, la sal y la pimienta. Mezcle bien, luego deje marinar en el refrigerador de dos a cuatro horas, revolviendo ocasionalmente.
2. Coloque una sartén grande a fuego medio-alto. Cuando esté muy caliente, agrega la carne y saltea por un par de minutos o hasta que esté a tu gusto.
3. Si está usando panes de pita redondos, ábralos por las costuras para tener de cuatro a seis círculos

separados. Coloque cantidades iguales de carne en el centro de cada pan.

4. Adorne con cantidades iguales de tomate, cebolla, pepinillos y hierbas y rocíe con tanta salsa de tahini como desee. Enrolle cada sándwich bastante apretado. Envuelva la mitad inferior de los sándwiches con una servilleta de papel y sirva de inmediato.

5. Si está usando pan de pita ovalado, ábralo en la costura para crear un bolsillo grande. Unte la mitad inferior con la salsa tahini y rellene cada pan con cantidades iguales de ingredientes para sándwich. Servir inmediatamente.

6. Sirve seis.

ENSALADAS Y SOPAS

79. Ensalada De Papaya Verde (Tailandia)

Ingredientes:

- 1/2 cucharadita de pasta de camarones
- 2 cucharadas de aceite vegetal
- 2 cucharadas de salsa de pescado
- 3 cucharadas de jugo de lima
- 1 cucharada de azúcar
- 1/8 de cucharadita de hojuelas de chile
- 1 papaya verde pequeña, rallada
- 2 tazas de brotes de soja
- 1-2 tomates, cortados en gajos finos o tiras largas
- 3 cebollas verdes, cortadas en tiras largas
- 1 taza de judías verdes blanqueadas
- Chile rojo (por ejemplo, ojo de pájaro), sin semillas, al gusto
- 1/2 taza de albahaca fresca, picada
- 1/2 taza de maní tostado
- Dos ramitas de cilantro fresco

Direcciones:

1. En un tazón grande, mezcle la pasta de camarones, el aceite vegetal, la salsa de pescado, el jugo de limón, el azúcar y las hojuelas de chile.
2. Combine la papaya, los brotes de soja, los tomates, la cebolla, las judías verdes, el chile y la mayor parte de la albahaca en el bol con el aderezo. Mezcle bien.
3. Agregue las nueces y mezcle nuevamente.
4. Aliña con el cilantro y la albahaca restante y sirve de inmediato.
5. Sirve dos.

80. Ensalada De Papaya (Laos)

Ingredientes:

- 2 tazas de papaya verde, picada en cubos de aproximadamente 1/2 pulgada cuadrada
- 2 chiles picados
- 1 diente de ajo, picado
- 3 cucharadas de jugo de lima
- 1 cucharadita de ralladura de lima
- 1 cucharadita de salsa de pescado
- 3 cucharadas de azúcar

Direcciones:

1. Mezcle la papaya picada, los chiles y el ajo en un tazón.
2. En un recipiente aparte, mezcle el jugo de lima, la salsa de pescado con ralladura y el azúcar hasta que se incorporen todos (en Laos, estos se colocan en el recipiente de un mortero y se muelen con un mazo hasta formar una pasta).

3. Mezcle la mezcla de limón en la mezcla de papaya hasta que todas las piezas estén cubiertas.

4. Servir fresco.
5. Sirve cuatro.

83. sopa de fideos, Myanmar)

Ingredientes:

- 3 cucharadas de aceite de oliva
- 1 taza de cebolla picada
- 3 dientes de ajo finamente picados
- 1/2 onzas de jengibre fresco, finamente picado
- 1 cucharadita de limoncillo finamente picado
- 1 cucharadita de chile en polvo
- 1 cucharadita de cúrcuma molida
- 1-1/2 litro de agua
- 4 cucharadas de salsa de pescado
- 4 cucharadas de harina de arroz
- 1 libra de bagre
- 1 libra de fideos de arroz

Direcciones:

1. Caliente el aceite en una sartén profunda y pesada, agregue la cebolla, el ajo, el jengibre, la hierba de limón, el chile en polvo y la cúrcuma. Cocine

a fuego medio hasta que esté fragante.

2. Agregue el agua, la salsa de pescado y la harina. Mezclar y llevar a ebullición, revolviendo bien. Reducir a fuego lento durante 20 minutos.

3. Mientras tanto, corte el bagre en trozos, agréguelo a la sopa y cocine por 10 minutos.

4. En una cacerola aparte, hierva agua y cocine los fideos de arroz durante aproximadamente cinco minutos hasta que estén tiernos. Escurrir y agregar a la sopa.

5. Sirve cuatro.

81. Sopa de fideos con carne (Vietnam)

Ingredientes:

Caldo

- 3 onzas de jengibre fresco, cortado en 3 o 4 piezas
- 1 cebolla grande, partida por la mitad
- 4 chalotes
- 3 libras de rabo de toro, picado
- 3 libras de piernas de res
- 1-1/2 galones de agua
- 1 libra de rábanos chinos, picados en trozos grandes
- 3 zanahorias, picadas en trozos grandes
- Anís 4 estrellas (entero)
- 6 dientes (enteros)
- 2 palitos de canela
- 1/4 taza de nuoc mam (salsa de pescado)
- Sal al gusto

Para terminar la sopa

- 1/2 libra de carne de res redonda, en rodajas finas a través del grano
- 1 libra de fideos de arroz secos

- 1 cebolla amarilla grande, en rodajas finas
- 2 cebollas verdes, picadas
- 2 chiles rojos, triturados
- 2 cuartos de agua
- Adornar
- 1 taza de cilantro fresco
- 1/2 taza de menta fresca
- 1 lima, en cuña

Direcciones:

1. Precaliente el asador y ase el jengibre, la cebolla y los chalotes en una bandeja para hornear durante uno o dos minutos, o hasta que se doren. Dejar de lado.
2. Coloque los rabos de buey y las piernas de res en una cacerola grande y profunda con 1-1/2 galones de agua. Hervirlo. Cuando el agua hierva, desnate la superficie hasta que quede transparente y sin espuma, unos 10 minutos. Agregue el jengibre asado, la

cebolla y los chalotes y los rábanos, las zanahorias y las especias.

3. Cubra parcialmente y cocine a fuego medio durante 3-1/2 horas.

4. Dejar enfriar. Colar el caldo y retirar la carne y las verduras. Ponga a un lado y guarde las verduras para usarlas en otra guarnición. Deje reposar el caldo en un lugar fresco; un refrigerador está bien. Una vez que la grasa suba a la parte superior, desnatar y desechar. Agregue la salsa de pescado y la sal. (rinde aproximadamente ocho tazas).

5. Remoje los fideos de arroz durante aproximadamente 15 minutos en agua tibia.

6. Lleve el caldo a ebullición y agregue la carne de res en rodajas finas, la cebolla en rodajas, la cebolla verde y los chiles. Deje hervir, reduzca a fuego lento a fuego medio y cocine hasta que la carne esté bien cocida, aproximadamente 10 minutos.

7. Mientras tanto, caliente dos cuartos (o más) de agua en una cacerola grande hasta que hierva. Agregue los fideos remojados y cocine de uno a tres minutos. Escurrir inmediatamente.
8. Para servir, coloque los fideos en un tazón y cúbralos con el caldo y las verduras. Adorne con cilantro, menta y lima.
9. Sirve de cuatro a seis.

82. Sopa de fideos con carne (Taiwán)

Ingredientes:

- 5 tazas de agua
- 1 taza de salsa de soya
- 1/4 taza de azúcar moreno claro compactado
- 2 cucharaditas de jengibre fresco
- 1 manojo de cebollas verdes
- 3 dientes de ajo, machacados
- 10 tallos de cilantro fresco
- 1/2 taza de cilantro fresco empacado suelto
- 4 anís estrellado entero
- 1/4 cucharadita de hojuelas de pimiento rojo
- 2-1/2 libras de costillas de res
- 2 tazas de caldo de pollo
- 10 onzas de fideos chinos de harina de trigo
- 1 taza de brotes de frijol mungo frescos
- ramitas de cilantro fresco

Direcciones:

1. Ponga agua a hervir en una olla de cinco a seis cuartos. Agregue la salsa de soja, el azúcar moreno, el jengibre, las partes blancas de la cebolla verde, el ajo, los tallos de cilantro, el anís estrellado y las hojuelas de pimiento rojo, luego reduzca el fuego y cocine a fuego lento, sin tapar, durante 10 minutos.
2. Agregue las costillas y continúe cocinando a fuego lento, tapado, volteando ocasionalmente, hasta que la carne esté muy tierna pero sin desmoronarse. Esto puede tomar hasta 2-1/2 horas; cuando esté lista, deje reposar la carne en el líquido de cocción, sin tapar, 1 hora.
3. Retire la carne del caldo y córtela a través del grano en rebanadas de 1/2 pulgada de grosor.
4. Desnatar el caldo de res y desechar los sólidos; agregue el caldo de pollo y la carne y recaliente la sopa a fuego moderadamente bajo.

5. Cocine los fideos en agua hirviendo sin sal hasta que estén tiernos, luego escúrralos y agréguelos al caldo.
6. Adorne con la parte verde de las cebollas verdes, ramitas de cilantro y brotes de frijol mungo.
7. Sirve cuatro como plato principal.

POSTRES

83. Aloo Pie (Trinidad)

Ingredientes:

- 1 taza de harina blanca
- 1 cucharadita de polvo de hornear
- 3/4 cucharadita de sal
- 1/2 taza de agua (aproximadamente)
- 1/2 libra de papas
- 1/4 cucharadita de pimienta negra
- Chile rojo o salsa picante al gusto (opcional)
- 1/2 cucharadita de comino en polvo
- 1/2 cucharadita de ajo picado
- 1 taza de aceite vegetal

Direcciones:

1. Tamizar la harina, el polvo de hornear y la mitad de la sal, agregar agua y amasar ligeramente. Cubra con un paño húmedo y reserve.
2. Hervir las patatas en agua con sal hasta que estén blandas y triturarlas.

3. Sazone el puré de papas con el resto de la sal, la negra, el comino, el ajo y el pimiento picante o la salsa si la usa.
4. Divide la masa en cuatro bolas y aplana cada bola en un círculo de cuatro pulgadas. (También se pueden hacer más pequeños si lo prefiere).
5. Coloque dos cucharadas de la mezcla de papas en la mitad de cada ronda de masa, dóblela para formar una media luna y selle los bordes usando un poco de agua, luego presione hacia abajo con los dedos o un tenedor.
6. Fríelas una a una en aceite caliente unos segundos, dale la vuelta y cocina hasta que estén doradas.
7. Escurrir sobre toallas de papel.
8. Rinde cuatro aloo grandes.

84. Pastel flotante (Australia)

Ingredientes:

- 1 cebolla marrón grande, finamente picada
- 2 cucharadas de aceite vegetal
- 1 libra de carne de res magra finamente picada o molida
- 3/4 taza de caldo de res o vegetales
- 1 cucharada de maicena
- Pizca de sal
- pizca de pimienta
- 2 láminas de pastelería congelada
- 2 hojas de hojaldre congelado
- 4 tazas de caldo de res
- 2 cucharaditas de bicarbonato de sodio
- 1 libra de guisantes secos, remojados durante la noche en suficiente agua para cubrir
- 1 cucharadita de bicarbonato de sodio

Direcciones:

1. La noche anterior, coloque los guisantes en una cacerola profunda, cúbralos con agua mezclada con

bicarbonato de sodio y déjelos reposar toda la noche. Escurrir cuando esté listo para cocinar.

2. Precaliente el horno a 450°F.
3. En una cacerola, sofreír las cebollas en un poco de aceite. Añadir la carne y dorar.
4. Agregue el caldo, los condimentos y la maicena. Cocine a fuego medio, revolviendo constantemente para incorporar la maicena hasta que se forme una salsa espesa durante unos cinco minutos.
5. Engrase cuatro moldes para pastel de 3 × 6 pulgadas. Corte círculos de 3 × 7 pulgadas de la masa de pastel para cubrir las bases y los lados de los moldes. Rellene con la mezcla de carne y salsa. Cepille las llantas con agua.
6. Corte círculos de hojaldre de 3 × 7 pulgadas. Coloque sobre la carne. Presione para sellar. Podar. Coloque los pasteles en la bandeja caliente.

7. Hornee en precalentado durante 20-25 minutos o hasta que estén doradas.
8. Mientras se hornean los pasteles, prepare la salsa de guisantes.
9. Lava los guisantes rehidratados para quitarles la suciedad y ponlos en una cacerola con una cucharadita de bicarbonato y el caldo de res.
10. Llevar a ebullición y cocinar hasta que los guisantes estén muy suaves.
11. Triture o haga puré los guisantes y la mezcla de caldo hasta obtener la consistencia de una sopa espesa.
12. Vierta la salsa de guisantes en un plato para servir y coloque un pastel caliente encima.

13. Hace cuatro pasteles.

85. fiadú (Surinam)

Ingredientes:

Masa
- 1 libra de harina blanca para todo uso
- 1 cucharadita de sal
- 1 paquete de levadura seca
- 4 cucharadas de mantequilla
- 4 cucharadas de azúcar
- 2 huevos batidos
- 8 onzas (1 taza) de leche

Relleno
- 8 onzas de pasas
- 3-1/2 onzas de cáscara confitada
- 3 onzas de almendras tostadas
- Piña guisada
- 2 cucharadas de azúcar
- 1 cucharadita de canela
- 4 cucharadas de mantequilla, derretida

Piña Guisada
- Latas de piña de 2 a 12 onzas, escurridas
- 2 cucharadas de azúcar
- Jugo de 1 limón

Direcciones:
1. Precaliente el horno a 375°F.
2. Vierta la piña en un colador, recoja el líquido.
3. Ponga las rodajas de piña en una cacerola, agregue dos cucharadas de azúcar y el jugo de limón. Dejar a fuego lento a fuego lento unos 30 minutos hasta que se evapore el líquido.
4. Pica la piña sobre una tabla con un cuchillo de cocina grande en trozos pequeños.

Masa

5. Derrita cuatro cucharadas de mantequilla en un recipiente de vidrio en el microondas hasta que se derrita (aproximadamente un minuto). Agregue el azúcar, los huevos y la leche y mezcle bien.
6. Coloque la harina en un tazón grande de una batidora equipada con un gancho para masa. Agregue la sal primero y luego la levadura en la

harina de trigo. Encienda la batidora y, poco a poco, agregue la mezcla de huevo para hacer una masa cohesiva.

7. Cuando se forme una masa suave, retire el recipiente de la batidora y colóquelo en una bolsa de plástico. Permita o suba durante 1 a 1-1/2 horas.

Relleno

8. Ponga las pasas en un colador y enjuague con agua corriente fría.
9. Coloque las pasas en un tazón pequeño, vierta agua hirviendo y déjelas en remojo durante unos 15 minutos.
10. Escurra las pasas y séquelas con toallas de papel. Mezclar con la piña guisada, las pasas y las almendras.

11. Mezclar el azúcar y la canela en un bol pequeño y reservar.

Armar

12. Tenga lista una bandeja para hornear de 10 × 8 pulgadas o un molde

para hornear de tamaño similar. Cubra con mantequilla derretida.

13. Espolvorea una fina capa de harina sobre la superficie de trabajo, coloca la masa encima y espolvorea un poco (pequeño) de harina sobre la masa. Extienda la masa con un rodillo en un rectángulo de aproximadamente 10 × 18 pulgadas.

14. Cepille la masa con una capa generosa de mantequilla y espolvoréela con la mezcla de azúcar y canela, aproximadamente a una pulgada de los bordes. Extender el relleno sobre la masa. Estirar la masa empezando por el lado pequeño.

15. Cortar la masa en rebanadas (tiras) de alrededor de una pulgada. Ponga las rebanadas en la bandeja para hornear. Cepille la parte superior con un pincel con la mantequilla restante. Coloque la bandeja para hornear ligeramente por encima del centro del horno.

16. Hornear durante unos 25 minutos.

86. *fiskekaker* (Pasteles de pescado, Noruega)

Ingredientes:

- 1 libra de filete de eglefino, bacalao u otro pescado blanco
- 1 huevo
- 1 taza de leche
- 2 cucharadas de harina de patata
- Una pizca de nuez moscada
- Sal y pimienta blanca al gusto
- Cebollino fresco picado
- Mantequilla para freír

Direcciones:

1. Corta los filetes en trozos pequeños y colócalos en el tazón de un procesador de alimentos. Agregue la harina, el huevo, la sal, la pimienta y la nuez moscada. Procese hasta que quede suave. Agregue la leche gradualmente mientras procesa. Añadir las cebolletas picadas.
2. Usando una cuchara grande, forme tortas con la masa.

3. Caliente varias cucharadas de mantequilla en una sartén pesada. Freír cada pastel de pescado en mantequilla por ambos lados hasta que estén ligeramente dorados. Dejar enfriar. Servir tibio o frío.

4. Se puede servir como comida con vegetales al vapor, papas hervidas y mantequilla dorada.

5. Hace seis.

87. Kaiserschmarrn (Bolas de masa hervida, Austria)

Ingredientes:

- 3 huevos, separados
- 1/4 taza de harina
- 1 cucharadita de azúcar
- 1/2 cucharadita de extracto de vainilla
- 1/2 cucharadita de sal
- 4 onzas de leche
- 1/4 taza de mantequilla
- 1/4 taza de pasas

Direcciones:

1. Separe los huevos en dos tazones. Batir las yemas de huevo hasta que quede suave. Agregue la harina, el azúcar, el extracto de vainilla, la sal y la leche y forme una masa.
2. Batir las claras de huevo a punto de nieve. Doble con cuidado las claras en la masa.
3. Derretir la mantequilla en una sartén y verter en la masa.
4. Espolvorea algunas pasas sobre la masa y fríela a fuego lento.

5. Cuando esté listo, retire la "tortilla" de la sartén y córtela en seis pedazos más pequeños. Caliente más mantequilla en la sartén, agregue las seis piezas y fría hasta que estén doradas.
6. Retire Kaiserschmarrn de la sartén y sirva con azúcar en polvo y compota de manzana o Zwetschkenröster (salsa de ciruela).

7. Hace seis.

88. Karantita Algérienne (Argelia)

Ingredientes:

- 1-1/2 tazas de agua filtrada
- 3-4 cucharadas de aceite de oliva extra virgen o ghee, cantidad dividida
- 2 cucharadas de romero fresco, picado
- 1 cucharadita de zumaque seco
- 2 cucharaditas de sal
- 1/4 cucharadita de pimienta negra
- 3/4 cucharadita de chile chipotle ahumado

Direcciones:

1. Remoje la harina de garbanzos durante la noche. En un tazón, agregue 2 tazas de harina de garbanzos, 1-1/2 tazas de agua filtrada y dos cucharadas de vinagre de sidra de manzana crudo. Batir hasta que no queden grumos. Cubra y deje la masa durante la noche en el mostrador.
2. Agregue 1 cucharada de aceite de oliva virgen extra o ghee, 2

cucharadas de romero fresco finamente picado, 1 cucharadita de zumaque seco, 2 cucharaditas de sal sin refinar, 1/4 de cucharadita de pimienta negra y, si quiere un poco de patada, 3/4 de cucharadita de chile en polvo. .

3. Aceite la sartén. Agregue dos o tres cucharadas de aceite de oliva extra virgen o ghee a una sartén antiadherente o de hierro fundido de 12 o 14 pulgadas, asegúrese de que el fondo y los lados estén engrasados, luego vierta la masa de garbanzos con especias.

4. Cocina la karantita. Enciende el fuego a medio y después de tres o cuatro minutos, notarás que se forman burbujas. Mantenga el fuego a medio-bajo y cubra si salpica (no debería salpicar mucho, si es así, debe bajar el fuego).

5. Cocine por un lado durante siete u ocho minutos o hasta que el fondo se

haya endurecido y comience a dorarse (levántelo un poco para verificar).

6. Una vez que un lado se haya cocinado, use una espátula plana grande para voltear la karantita del otro lado. Agregue más aceite si se ve seco.

7. Cocine por otros siete u ocho minutos o hasta que ese lado también se haya dorado. Apague el fuego y prepare los ingredientes que desee, como harissa o verduras salteadas, mientras la masa se enfría un poco.

89. Kremówka Papieska (Polonia)

Ingredientes:

Crema pastelera
- 2 tazas de leche entera
- 1/2 cucharadita de extracto de vainilla
- Una pizca de sal
- 6 yemas de huevo, batidas
- 3/4 taza de azúcar
- 1/3 tazas de harina
- Azúcar de repostería
- Crema batida (opcional)

Direcciones:
1. Precalentar el horno a 400°F/200°C
2. Estire ligeramente cada pieza de hojaldre y marque ligeramente cada hoja en nueve secciones.
3. Coloque cada hoja entre dos hojas de papel pergamino para hornear, colóquelas en una rejilla para cocinar y coloque otra rejilla para enfriar boca abajo sobre la parte superior del papel para hornear.

4. Ponga la masa de hojaldre en hornear. Después de 15 minutos, retire la rejilla superior para enfriar y la capa superior de papel para hornear. Hornear durante otros 15 minutos hasta que el hojaldre esté dorado.
5. Retire del horno, retire la segunda capa de papel para hornear y enfríe completamente.
6. En una cacerola mediana, hierva la leche, la vainilla, la sal, las yemas de huevo, el azúcar y la harina a fuego medio, revolviendo constantemente con un batidor de alambre. Reduzca un poco el fuego y continúe hirviendo un minuto, revolviendo constantemente con una cuchara de madera.
7. Retire la sartén del fuego y sumérjala en un baño de agua con hielo para que se enfríe.
8. Refrigera la crema pastelera. Cuando esté frío, extienda la crema pastelera sobre la capa inferior de masa, luego cubra con la segunda capa horneada.

9. Espolvorear con azúcar glas. Cortar y servir, con crema batida si se desea.

10. Sirve nueve.

90. pan de molde (Israel)

Ingredientes:

- 3-1/2 tazas de harina de pan
- 1 onza de levadura fresca
- 1 cucharada rasa de sal
- 1/2 cucharada de azúcar
- 3 tazas de agua tibia
- 3 rebanadas de pan blanco
- Aceite para freír

Direcciones:

1. Coloque la harina, la levadura, la sal y el azúcar en un recipiente hondo y mezcle con tres tazas de agua para formar una masa.
2. Remoje las rebanadas de pan en agua durante unos minutos, luego escúrralas y mezcle. Agregue a la masa y mezcle bien, ¡es mejor hacerlo a mano!
3. Cubra el tazón y déjelo a temperatura ambiente durante al menos dos horas para permitir que la masa duplique su tamaño.

4. Calentar una sartén antiadherente y aceite ligeramente. Limpie el exceso de aceite con una toalla de papel; no se necesitará más durante la fritura. Vierta un poco de masa en la sartén. Freír a fuego medio hasta que la parte superior se llene de burbujas y la parte inferior se dore. No freír del otro lado.

5. La sartén debe enfriarse entre rondas, para que el fondo del lahoukh permanezca suave, sin burbujas. Sostenlo boca abajo bajo el grifo de agua fría.

6. Sirva con tomate licuado y cilantro, y condimento caliente.

7. Hace unos 20.

91. Arroz con leche (Líbano)

Ingredientes:
- 3 tazas de leche
- 3 cucharadas colmadas de maicena o arroz molido
- 1/2 taza de azúcar
- Escaso 1/4 de cucharadita de masilla molida (opcional)
- 1-1/2 cucharaditas de agua de azahar
- 1-1/2 cucharaditas de agua de rosas
- 1/2 taza de almendras tostadas o pistachos troceados

Direcciones:

1. Ponga la leche y la maicena (o arroz molido) en una cacerola. Llevar a fuego alto y llevar a ebullición, revolviendo constantemente.
2. Reduzca el fuego a bajo, agregue el azúcar y continúe revolviendo durante otros cinco a siete minutos o hasta que el líquido se espese.
3. Agregue la flor de naranja y el agua de rosas y cocine a fuego lento, aún

revolviendo, durante un par de minutos más.

4. Retire del fuego, vierta en un tazón grande y poco profundo o en cuatro individuales, según cómo desee servirlo, y deje enfriar antes de decorar con almendras o pistachos.

5. Servir frío.
6. Sirve cuatro.

92. Arroz con leche (Egipto)

Ingredientes:

- 1 taza de arroz egipcio (similar al Arborio o arroz de sushi)
- 2 tazas de agua filtrada
- 1/2 taza de azúcar
- 1 cucharadita de canela
- 1 cucharadita de extracto de vainilla
- 1/2 taza de pasas
- 4 tazas de leche entera
- Pizca de sal
- 1/2 cucharadita de agua de rosas (opcional)
- Puñado de pistachos pelados sin sal (opcional)

Direcciones:

1. Enjuague el arroz con agua corriente hasta que el agua salga clara. Escurra y agregue a la olla y cubra con dos tazas de agua filtrada y una pizca de sal.

2. Llevar a ebullición y luego reducir el fuego a bajo. Cocinar durante 20 minutos y esponjar con un tenedor.
3. Agregue azúcar, canela y agua de rosas (si lo desea) al arroz y mezcle bien.
4. Agregue cuatro tazas de leche entera y mezcle para incorporar. Aumente el fuego a medio y siga revolviendo hasta que el azúcar se disuelva y el arroz y la leche estén bien incorporados. La mezcla comenzará a espesarse después de unos 15 minutos de agitación.
5. Agregue el extracto de vainilla y las pasas a la mezcla y revuelva nuevamente.
6. Sirva tibio o frío, con pistachos picados sin sal, si lo desea.
7. Sirve de cuatro a seis.

93. Vetkoek (Tortas de aceite, Sudáfrica)

Ingredientes:

- 4 tazas de harina (de pan)
- 1 cucharada de levadura seca
- 2 cucharadas de azúcar
- 2 cucharaditas de sal
- 2-1/4 taza de (mantequilla) leche o agua
- 8 tazas de aceite de girasol para freír

Direcciones:

1. Ponga la harina, la levadura y el azúcar en un tazón grande (de plástico) y mezcle con una cuchara de madera.
2. Agregue la sal y, mientras revuelve lentamente, agregue la leche o el agua, revuelva hasta obtener una masa espesa. Cubra con plástico o una toalla de cocina húmeda (limpia). Deje crecer durante 1 a 1-1/2 horas en un lugar cálido oa temperatura ambiente durante 2 a 2-1/2 horas.
3. Ponga el aceite en una olla grande con un fondo grueso. Caliente el aceite a fuego alto a aprox. 375°F.

4. Sumerge dos cucharadas en el aceite caliente. Use una cuchara para sacar una cucharada de masa y la otra para dejarla caer en el aceite caliente. Repita el método. Asegúrate de que la olla no se llene demasiado.

5. Baje el fuego a medio; cuando termine, el vetkoek (marrón dorado) se dará la vuelta por sí solo. En caso contrario, y si se dora, dar la vuelta al vetkoek con un tenedor o una cuchara.

6. Vetkoek, del tamaño de una pelota de tenis, necesitará unos cuatro minutos. Retire el vetkoek de la olla con una espumadera y póngalos en un plato cubierto con una capa de papel de cocina (el papel absorbe el aceite).

7. Si se comen fríos, es recomendable usar suero de leche para preparar la masa porque la leche normal los engrasará.

8. Rinde 12-16.

94. wonton de cerdo picado (China)

Ingredientes:

- 2 onzas de jengibre, pelado
- 1/4 taza de agua
- 16 onzas de carne de cerdo picada, idealmente con aproximadamente un 30 % de grasa
- 1 huevo batido
- 1 cucharada de aceite de sésamo
- 1 cucharadita de vino de arroz o jerez seco
- 3/4 cucharadita de sal
- 1/4 cucharadita de pimienta blanca
- 3 cucharadas de caldo de pollo o cerdo
- 100 envoltorios de wonton comprados en la tienda

Direcciones:

1. Tritura muy bien el trozo de jengibre para que suelte sabor y déjalo en remojo en 1/4 de taza de agua.
2. Mezclar la carne picada de cerdo con el agua de remojo del jengibre, el huevo batido, el aceite de sésamo, el

vino de arroz, la sal y la pimienta blanca. Agregue caldo de pollo o cerdo, media cucharadita a la vez para agregar humedad a la mezcla.

3. Con un envoltorio de wonton en una mano, rellénelo con aproximadamente 1/2 cucharada de relleno. Encierre doblando el envoltorio en un triángulo. Sella presionando los dos lados suavemente.

4. Tome los dos extremos del triángulo y dóblelos hasta que las puntas se junten y se superpongan ligeramente. Presiona para unir los extremos.

5. Tenga lista una cacerola grande con agua hirviendo.

6. Coloque suavemente las albóndigas, unas pocas a la vez, en el agua, sin amontonarlas, y hierva hasta que el relleno esté bien cocido (unos tres minutos).

7. Escurrir y poner encima del condimento. Mezclar ligeramente.

8. Si lo desea, decore con cebollas verdes picadas o cilantro, o ajo crudo o jengibre finamente picado.

95. Arepas (Pastel de harina de maíz, Venezuela)

Ingredientes:

- 2 tazas de harina de maíz instantánea (cocción rápida)
- 1 cucharadita de sal
- 2 tazas de agua caliente
- 2 cucharadas de mantequilla derretida
- Aceite de oliva o canola para freír

Direcciones:

1. Coloque la harina de maíz en un tazón, agregue agua y mantequilla derretida, y revuelva con una cuchara grande hasta que esté bien mezclado.
2. Forma unas 15 bolas del mismo tamaño. Coloque las bolas sobre papel encerado o una superficie aceitada (se pegarán si se colocan sobre una superficie no lisa). Con una espátula, aplane cada bola hasta obtener una torta gruesa de unas tres pulgadas de circunferencia.
3. Mientras tanto, caliente una o dos cucharadas de aceite en una sartén pesada a fuego medio. Cuando todo

esté listo, coloque tantas arepas como quepan en la sartén.

4. Saltee las arepas hasta que estén doradas por fuera por un lado. Voltea cada uno y dora por el otro lado. Tenga cuidado de no quemarlos.
5. Cuece todas las arepas y reserva.
6. Cuando esté listo para llenar, divídalo por la mitad horizontalmente. Rellénelo con queso, carne o relleno de vegetales y cómalo tibio.

7. Hace 15.

BEBIDAS

96. Bebida de Maíz (Haití)

Ingredientes:

- 4 tazas de agua
- 2 palitos de canela o 1/2 cucharadita de canela molida
- anís 3 estrellas
- 1 taza de harina de maíz
- 1 cucharadita de extracto de vainilla
- 2 latas (12 onzas) de leche evaporada
- 1/4 taza de azúcar
- Sal al gusto

Direcciones:

1. Hierva cuatro tazas de agua en una olla profunda, agregue las especias y la sal y cocine hasta que las especias estén bien blandas y el agua esté fragante.
2. Mezcle bien la harina de maíz con una taza de agua fría y una pizca de sal.
3. Baje el fuego y vierta lentamente la mezcla de maíz y agua en el agua hirviendo, revolviendo

constantemente, hasta que se vuelva espesa y suave.

4. Agrega el extracto de vainilla y una lata de leche evaporada. Deje que la mezcla se enfríe.

5. Retire las especias y agregue azúcar y leche evaporada al gusto.

97. Ayran (bebida de yogur, Turquía)

Ingredientes:
- 3 tazas de yogur
- 3 tazas de agua fría
- 1 cucharadita de sal

Direcciones:

1. Coloque el yogur y la sal en un tazón y revuelva hasta que esté cremoso, agregue agua gradualmente para mezclar bien.
2. Alternativamente, mezcle todo en una licuadora a alta velocidad hasta que esté espumoso.
3. Servir en vasos. A algunos les gusta burbujear con un poco de agua mineral con gas.

98. Bebida de jengibre (África Occidental)

Ingredientes:

- 3 tazas de agua hirviendo
- 1/2 taza de raíz de jengibre fresca pelada y rallada
- 1/2 taza de néctar de agave
- 1 cucharadita de clavo entero
- 2 palitos de canela
- 1/4 taza de jugo de lima
- 4 tazas de agua

Direcciones:

1. Coloque el jengibre, el agave, los clavos y la canela en un recipiente. Vierta agua hirviendo sobre las especias y deje reposar durante al menos una hora.
2. Agregue el jugo de lima y el agua. Revuelva y deje reposar la mezcla durante al menos otra hora. Cuele la infusión y guárdela en un recipiente de vidrio en el refrigerador.
3. Sirve de seis a ocho.

99. Lassi (yogur dulce, India)

Ingredientes:
- 1 taza de yogur natural
- 1/2 taza de leche
- 1 taza de mango picado
- 2-4 cucharaditas de azúcar (al gusto)
- Una pizca de cardamomo molido (opcional)

Direcciones:

1. Ponga yogur, azúcar, mango y agua en el recipiente de una licuadora o procesador de alimentos.

2. Procese hasta que esté espumoso. Espolvoreamos polvo de cardamomo por encima.

100. Vino Caliente de Alsacia (Francia)

Ingredientes:

- 1 limón, rallado y guardado
- 2 naranjas, ralladas y guardadas
- 1 litro de vino tinto (Pinot Noir por ejemplo)
- 1 rama de canela
- 2 clavos
- Una pizca o 1/4 de cucharadita de nuez moscada rallada

Direcciones:

1. Ralla la naranja y el limón. Deje la ralladura a un lado.
2. Cortar en dados la naranja y el limón.
3. Mezcle el vino, el azúcar, la canela y las ralladuras en una sartén profunda. Calentar a fuego lento durante tres a cinco minutos. Agregue las especias y caliente a fuego lento durante 20 minutos.
4. Coloque un poco de las naranjas y el limón cortados en cubitos en cada

vaso. Vierta el vino caliente a través de un colador en vasos y sirva.

5. Sirve de cuatro a seis.

CONCLUSIÓN

La comida es una parte absolutamente vital de la experiencia de viaje. La clave para comprender la cultura y la historia de un lugar a menudo se encuentra en su cocina. Si bien muchos trotamundos eligen hacer esto reservando una mesa en un popular restaurante trampa para turistas, creemos que para encontrar la mejor comida en un lugar nuevo, a menudo hay que salir a la calle.

Comer comida callejera no solo es una forma fácil y económica de llenar el estómago, sino que también abre la puerta a todo un mundo de delicias absolutas. Desde carritos de acero inoxidable y puestos de mercado nocturno de aspecto dudoso hasta quioscos y la parte trasera de las bicicletas, a menudo encontrará que la mejor cocina local la prepara un lugareño en la calle en lugar de una cadena de renombre o una celebridad. restaurante.